胜率优先

待机而动的极值投资策略

姜昧军 徐熙淼 —— 著

机械工业出版社
CHINA MACHINE PRESS

本书从宏观的金融市场视角出发，探讨应对资本市场与股票周期的投资策略。本书的主要内容并非讨论如何预测投资周期，而是讨论在资本市场周期出现极端值时，面对黑天鹅事件与股价非理性暴跌，该如何理性投资，把握投资机会。本书为投资者提供了一整套方法论，帮助投资者在资本市场极端值出现前提前布局，这样在出现市场非理性行为时，便能从容应对，以合理的策略获得超额收益。书中总结了历史上的多次黑天鹅事件，将这些黑天鹅事件做了分类，并讨论不同类型的事件会带来怎样的投资机会，投资者在把握这些机会时，应该关注的投资要素是什么。

图书在版编目（CIP）数据

胜率优先：待机而动的极值投资策略/姜昧军，徐熙淼著. —北京：机械工业出版社，2024.5
ISBN 978-7-111-75656-9

I.①胜… II.①姜… ②徐… III.①投资—研究 IV.① F830.59

中国国家版本馆CIP数据核字（2024）第080831号

机械工业出版社（北京市百万庄大街22号 邮政编码100037）
策划编辑：顾 煦　　　责任编辑：顾 煦 何 洋
责任校对：肖 琳 王 延　责任印制：邰 敏
三河市国英印务有限公司印刷
2024年6月第1版第1次印刷
170mm×230mm · 14印张 · 1插页 · 109千字
标准书号：ISBN 978-7-111-75656-9
定价：79.00元

电话服务　　　　　　　　　　网络服务
客服电话：010-88361066　　　机 工 官 网：www.cmpbook.com
　　　　　010-88379833　　　机 工 官 博：weibo.com/cmp1952
　　　　　010-68326294　　　金 书 网：www.golden-book.com
封底无防伪标均为盗版　　　　机工教育服务网：www.cmpedu.com

| 序　言 |

翻开历史，我们能发现有很多事情都是"没想到会发生"的。比如，在20世纪初被认为"永远不会沉没"的泰坦尼克号在首航中沉入冰冷的北大西洋、第一次世界大战爆发等。进入21世纪后，有谁能想到会有人劫持飞机撞击纽约世贸中心双子塔？绝大多数的人也难以想象美国的房地产泡沫破裂与资产抵押证券CDO（债务担保证券）以及CDS（信用违约互换）会引发全球性的金融海啸；更没有人能提前预测新冠疫情会在全球范围内造成如此巨大的危害。

对这些意外事件的发生，没有人能够提前预知，即便有人事前有危机感，但对危机什么时候发生、将造成多大的危害，也都是无法预测的。然而，这些意外事件造成的危害又是巨大的，如股价被"腰斩"、大量财富化为灰烬……

这些事件常被称为黑天鹅事件，其发生的概率很低，无法被提前预知，并且发生后带来的灾难也是不可估量的。唯一可以确定的是，未来仍会有黑天鹅事件发生。

既然黑天鹅事件总会发生，我们就要学习如何与它相处。在本书中，我们提出了极值投资的理念。所谓极值投资的理念，是指在资本市场因黑天鹅事件爆发，股票、债券、商品等品种价格出现极端下跌，突破历史价格区间而触及不曾有过的极端价格时，或者在整体市场崩溃等极端情况，即出现统计概念的历史小概率值时，进行入市抄底的投资理念。

首先，黑天鹅事件总会出现，这不随人类的意志而转移，因为人类的复杂性决定了由人类行为组成的金融市场拥有先天的脆弱性。其次，大部分投资者不具备主动预判市场走势的能力，在黑天鹅事件发生、价格出现暴涨或暴跌时，市场更是难以预测。极值投资理念并不是一种精准预测价格短期走势的投资理念，它是在黑天鹅事件已经发生的时候，站在黑天鹅事件已造成巨大冲击并不断疯狂演化的时点，在大部分投资者迷茫无措甚至夺路而逃时，仍保持清醒、理性思考，在废墟中冷静权衡风险和收益的投资策略。最后，投资者要等待目标价格出现，即出现历史极端值。此时风险已经完全体现在价格中，通过情景分析参考历史上此类资产的大部分极端情境，从长期看，此时投资出现损失的概率很小。极值投资不是赌博，投资的胜率尤为关键。因此，极值投资追求的核心是胜率优先，需要投资者等待最佳投资时机的到来。

书中总结了历史上多个黑天鹅事件的案例，分析创造极值投资机会的几种情况：既有周期波动带来的，也有宏观政策多目标冲突引发的；既有行业内生脆弱性导致的，也有外部突发事件诱发的。但并不是所有极值的出现都是投资机会，也不是出现机会就要投入全部身家，胜率优先是极值投资的核心要义。

在对待黑天鹅事件的态度与方法上，极值投资与传统的投资有本质的区别：极值投资不排斥、不否定黑天鹅事件，并且把黑天鹅事件当成市场系统的一部分，将其视为投资机会出现的有利条件，强调的是把握危机中所蕴含的"机会"；而传统的投资认为要采取一切可行的措施预防风险，最好不要让投资组合受到黑天鹅事件冲击，强调的是防范危机中的"危险"。

纳西姆·尼古拉斯·塔勒布（Nassim Nicholas Taleb）在《反脆弱：从不确定性中获益》一书中把投资的一般状态分成三种：脆弱、坚韧和反脆弱。本书讨论的正是如何在反脆弱的同时全力反击。

如果把黑天鹅事件的冲击划分为两个阶段：第一阶段是风险爆发的下跌过程，第二阶段是风险爆发后的极值状态。传统的投资把重点放在第一阶段的风险防范，关注的是风险与防控；极值投资的注意力不在第一阶段，而是在市场中寻找处于极值状态的投资机会，在风暴来临时，找到极佳入场机会和投资标的。

既然我们不能避免黑天鹅事件来袭，那就要学会与黑天鹅事件共存。将投资过程造就成反脆弱体系，等待极值，胜率优先，成为长线赢家。

目 录

序 言

导 引 /1

第一部分 黑天鹅事件与极值投资

第1章 黑天鹅事件与肥尾效应 /12

周期与异常值 /12

难以预测 /16

线性外推是惯性思维的产物 /22

预测拐点的先知 /26

世界变得危机四伏 /31

风控体系经受尾部风险考验 /35

第2章　稳定规律的终结 / 39
　　套利规律不再稳定 / 39
　　长期资本管理公司的陨落 / 46
　　极值投资与逆向投资 / 55

第3章　黑天鹅事件带来极值投资 / 61
　　黑天鹅事件总会不请自来 / 61
　　黑天鹅事件带来极值投资机会 / 64
　　金融创新诱发黑天鹅事件 / 67
　　极值是个区间，不是某个点 / 70
　　蛙跳式投资 / 75
　　三年不开张，开张吃三年 / 83

第4章　极值投资要点 / 88
　　大海里面机会多 / 88
　　选择坚韧的资产 / 92
　　远离高杠杆和临近到期日的资产 / 103
　　金融资本提高了资本市场博弈烈度和系统复杂性 / 106
　　极值投资：立于不败之地而后求胜 / 108

第二部分　极值投资复盘

第5章　供给缺口驱动极值投资 / 114

供给缺口的弥补 / 114

高空翻的集装箱航运业 / 123

案例分析：某海运集团 / 127

案例分析：舌尖上的猪周期 / 134

第6章　行业内生的脆弱性 / 139

行业的脆弱性源于风险的不可控 / 139

不会被摧毁的行业 / 141

安全生产是行业普遍的脆弱点 / 144

食品安全与极值投资 / 146

"黑色星期一"的市场雪崩 / 153

疯狂加杠杆的惨痛代价 / 163

第7章　产业政策带来极值投资机会 / 176

煤炭行业产业政策黑天鹅事件 / 176

第8章　多元化货币政策目标：黑天鹅事件的温床 / 186

鱼和熊掌不可兼得 / 186

艰难的政策选择 /190

美联储的纠结与金融体系脆弱性 /195

极端化的货币政策和极值时刻 /206

参考文献 /210

导 引

沃伦·巴菲特（Warren E. Buffett）和凯西·伍德（Cathie Wood，以下简称"木头姐"）都是当今全球投资界的著名投资者，分别掌管着伯克希尔－哈撒韦和方舟创新（ARK Innovation）ETF（交易型开放式指数基金），但他们是两类完全不同的人，从历史业绩上看，他们的投资曲线迥异（见图0-1）。虽然木头姐管理的方舟创新ETF在2021年2月的累计涨幅接近7倍，那段时间里的业绩远超巴菲特，但从2022年开始，木头姐的业绩一路下滑，方舟创新ETF成立以来的年度业绩跌回到伯克希尔－哈撒韦之下。与之相比，巴菲特管理的伯克希尔－哈撒韦的波动性明显要低很多，业绩走势总体也是向上的。

图 0-1 伯克希尔－哈撒韦与方舟创新 ETF 的业绩对比

资料来源：Wind 资讯。

木头姐所管理资产净值的巨大回撤发生在 2021 年美联储开始的历史上速度最快的加息进程中，以纳斯达克为代表的高科技企业在流动性紧缩的背景下，估值出现了大幅度的回撤，这也使得木头姐在一年内几乎抹去了过去十年积累的巨大涨幅。美联储的黑天鹅事件重创了木头姐的成长股投资策略，成长股的"不败神话"在宏观的黑天鹅事件冲击下暴露了其脆弱性。反观巴菲特，自 1965 年开始掌管伯克希尔－哈撒韦的近 60 年里，他实现了平均年收益率近 20% 的投资业绩。更为难能可贵的是，在其投资生涯中，先后经历了 1987 年股灾、1998 年东南亚金融危机、2008 年次贷危机、

2020年新冠疫情危机，而在数次市场金融、经济危机以及市场崩溃后，其投资组合收益率一直保持稳定，危机过后投资收益更是得到了显著提升。这表明了巴菲特除了是世界级的选股高手以外，其在顶层资产配置以及底层投资时机选择上都有深刻且独到的见解。

塔勒布用《黑天鹅：如何应对不可预知的未来》和《反脆弱：从不确定性中获益》两本书告诉我们，黑天鹅事件总会出现，要建立反脆弱的投资组合，否则终将失去一切。比如，1995年巴林银行因一位交易员的投机交易而破产、百年的雷曼兄弟倒在次贷危机的金融海啸之下，并且类似的大事件仍在不断重复上演。黑天鹅事件既可能导致单个金融机构破产，也可能会掀起系统性的金融危机，而在金融海啸之下，大型金融机构也未必能够全身而退。

黑天鹅事件及尾部风险让我们更加清晰地认识和理解这个世界：总会有一些意想不到的风险不请自来，并且可能造成难以预料的灾难。资本市场也不能逃离黑天鹅事件的侵扰，无法独善其身。股市瞬间崩盘、短期内多次熔断在历史上都曾经发生过。

为了能够在无常的资本市场中保持基业长青,需要构建反脆弱的投资组合:既要在顶层的资产配置上合理安排股票资产的仓位,还要在底层的投资中实施以胜率优先为核心的极值投资策略,而这两个层次安排彼此之间是相互关联、相互促进的,二者都不可或缺(见图0-2)。

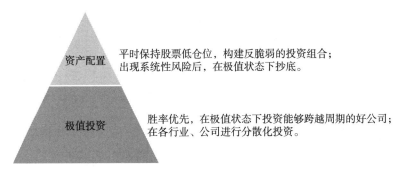

图 0-2 建立反脆弱投资组合的两个层次

只要进入股票市场,你就置身于整个金融体系之中,需要面对系统性风险的威胁,但系统性风险既无法逃避,也无法分散。如果集中高仓位在股市中去赌有限的机会,一旦风险来临,很有可能会满盘皆输,因为这种长期保持着股票高仓位的投资组合是脆弱的。要降低投资组合的脆弱性,核心是控制股票仓位,保留高流动性的资产。可控的权益配置战略可以降低组合对股市系统性风险的敏感性,还能够利用黑天鹅事件的破坏能量形成的投资机会，捕捉良好的极值投资时机。

极值投资是在市场中寻找因为黑天鹅事件而被严重低估的资产，而处于历史上极端状态的股价和估值是不稳定的，难以长期维持——市场力量会推动着股价和估值向正常状态回归，只是时间长短的问题。即便短期内价格可能会惯性下跌，但极值状态已经限制了下跌的空间。从长时间跨度和多次投资的累积效果来看，在极端状态下进行投资可以显著提高胜率。

基于风险分散原则，要把极值投资的目光投向更广阔的资本市场，在地域维度和资产类别维度上扩展极值投资的机会和适用范围，从而进一步提升胜率。去全球化以及零利率等极端政策使得市场的波动性及出现极端状态的概率大幅提高，全球投资者都正在或者将要面对一个更加动荡的资本市场。极值投资理念"立于不败之地，而后求胜"是投资者在动荡投资中的生存之道。但是，即便是在极值状态下进行投资，也要远离高杠杆以及慎用带有到期日条款设置的资产，因为极值投资仍无法摆脱短期内市场的剧烈波动。

因为黑天鹅事件的不可预测性，总会有一些事件导致股价和估值出现极值状态，这也为我们提供了极值投资的机会。从历史上看，既有集装箱航运、生猪养殖等行业周期性的供给缺口带来的极值，也有食品安全等行业内生的脆弱性带来的极值，还有产业政策驱动引起的极值，这些都是中观行业层面带来的极值投资机会。而当前全球经济增长对超宽松的货币政策的过度依赖使全球经济变得更加脆弱，即便全球央行都在努力维护着这个脆弱的金融体系的平衡，但也不排除会出现类似索罗斯这种外部力量实施定向爆破，使全球爆发金融危机和经济危机的尾部风险大幅提高，进而带来宏观层面的极值投资机会。

极值状态是投资的必要条件，但不是充分条件。极值投资不适用于那些存在破坏性创新的行业，因为这些行业中的企业中很有可能被彻底颠覆。

归根到底，极值投资以胜率优先为首要原则和根本目标。胜率优先的原则是建立在承认和接受黑天鹅事件存在这一根本的市场机制之上的。

在投资中，没有万无一失，尤其是"赔率"很大的时候，更要提高警惕。要将投资做成长期事业，不能只追求"一战成名"，而应持续地"积小胜为大胜"；不要纠结于一城一池的得失，而要从一个胜利走向另一个胜利。投资组合的反脆弱特征在于，即便是偶发的、"赔率"非常大的失败，也不会给投资者造成难以承受的损失。胜率优先，追求成为长线赢家。

从表面上看，极值投资策略与逆向投资策略（Contrariant Investment Strategy）有一些相似之处，都是逆向思维逻辑主导的投资策略，都在克服追涨杀跌的"羊群效应"，但这两者在追求的目标上有着根本的差异。当市场出现下跌时，逆向投资策略思考的是导致价格下跌的理由是否充分且必要，并没有考虑胜率的高低，或者说并没有把胜率放在首要的位置去考虑，所以在投资上经常会出现过早"抄底"或者反复"抄底"的情况；而极值投资策略则遵循胜率优先的原则，尽管对投资的要求更加严格，但从较长的时间跨度来看，极值投资将会获得更高的胜率。

事件驱动策略（Event-driven Strategy）是全球对冲基金的主流策略之一，是在提前挖掘和深入分析可能造成股价异常波动的事件的基础上，通过充分把握交易时机，获取超额投资回报的投资策略。事件驱动策略通常围绕企业并购、重组展开,而更广义的事件驱动策略的应用还包括困境证券⊖及基于定向增发、成分股调整等其他场景。很明显,极值投资是建立在发生能够引发股价和估值陷入极值状态的黑天鹅事件基础之上的,事件类型的广度超过并购、重组等资本运作的范畴,可以被归纳为更为广义的事件驱动策略。比如食品安全事件引发的极值投资,就可以看作一种困境证券类型的事件驱动投资。极值投资与逆向投资、事件驱动的关系如图 0-3 所示。

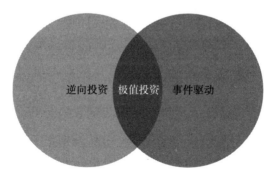

图 0-3　极值投资与逆向投资、事件驱动的关系

⊖ 困境证券是指陷入经营困境、违约或者已经处于破产程序之中的公司或政府实体的证券,主要是指其债券(这也是它常被译为困境债券的原因),但也包括普通股或优先股。

极值投资的前提是黑天鹅事件,即是以无法准确预测,但能对市场造成巨大影响的事件为基础的。这种不常发生、无法准确预测但影响巨大的事件与事件驱动策略定义的常见的、规律的事件是不同的。而正是由于极值投资所依赖的黑天鹅事件不是天天发生的,胜率优先的投资策略要求资产价格因恐慌而进入有很强保护力的极值区间内,因此需要投资者具有很强的耐心、待机而动。

第一部分

黑天鹅事件与极值投资

第1章　黑天鹅事件与肥尾效应

周期与异常值

在发现黑天鹅之前，欧洲人始终认为天鹅都是白色的。因此，当时"黑天鹅"一词在欧洲人的言谈和作品中出现时，特指不可能存在的事物。但随着第一只黑天鹅在澳大利亚被发现，这种长期形成的惯性观念终于瓦解。自塔勒布出版《黑天鹅：如何应对不可预知的未来》一书后，"黑天鹅"一词开始再次被广泛使用，用来代指那些不可预测、重大而罕见的事件，它的产生及造成的结果都远超意料之外。

传统经典理论认为，受供需双方此消彼长的影响，经济运行表现出周期波动的特征，沿着类似正弦曲线的波形起伏。经济学家还把每一个波动周期划分为繁荣、衰退、萧条和复苏四个阶段。古典主义经济学认为，在市场这只"看不见的手"指挥下，各经济部门共同演奏出有韵律的音乐，时而高亢、时而低沉，时而急促、时而舒缓。

但现实并不那么完美，小提琴的琴弦也可能会在演奏时断裂。西方世界先后经历了1637年的荷兰郁金香泡沫、1720年的英国南海公司泡沫、1837年的美国金融恐慌这三次规模较大的金融危机，以及1857年从美国爆发的第一次因普遍生产过剩导致的世界性经济危机和1929—1933年的美国经济大萧条。这些事件在全球经济运行的曲线上都留下了突兀的异常值，破坏了原本完美的规律，仿佛音乐会中出现了破音。如同那只"看不见的手"总会不起作用，市场的自发调节功能有时也会失效，经济学中的"理性人"假说无法阻挡市场失灵这只"黑天鹅"的出现。

凯恩斯主义主张用"看得见的手"对市场这只"看不见的手"加以补充、修正，由政府采取宏观经济调控政策干预市场运行、施加逆周期调节以期熨平周期。但不幸的是，在第二次世界大战后的1946年，美国实际GDP增速依旧出现了超过10%的回落。通常，经济学界认为这是第二次世界大战结束后结构性因素导致的短期现象。自那以后，美国经济的波动性有所降低，但总体上每隔一段时间，都会有一个显著的经济增速下跌。在经济周期运行的过程中，经济增速总会突然出现显著低于正常水平的异常值，其背后都有黑天鹅事件发生，诸如20世纪90年代的海湾战争、2000年的互联网泡沫、2008年的次贷危机以及2020年的新冠疫情造成的经济波动（见图1-1）。

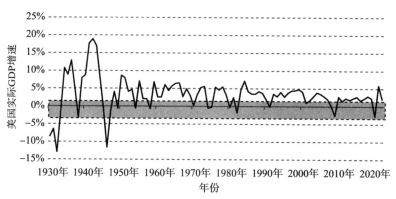

图1-1　1930—2020年美国实际GDP增速

资料来源：Wind资讯。

与GDP同比增速的波动相比，美国股票指数的波动率显然高了许多，就像用了扩音器，波形沿着纵轴被显著拉长。通常，美国GDP的同比波动上限不超过10%，但美国股指的年度波动幅度常超过20%。

美国道琼斯工业指数（以下简称"道指"）是美国历史最悠久的股票市场指数之一。从1900年开始，即使把道指每年的波动幅度在±20%以内作为一个比较合理的波动区间，仍然有很多密密麻麻的"针"将这个区间刺破。从20世纪后半叶开始，道指的波动幅度较20世纪上半叶明显变得温和，但个别年份，如1974年（第一次石油危机）和2008年（次贷危机），道指的跌幅仍超过20%，异常值仍然频繁出现（见图1-2）。

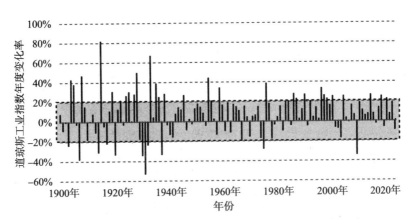

图1-2　1900—2020年道琼斯工业指数的波动幅度

资料来源：Wind资讯。

难以预测

崇拜权威的心态是一种普遍存在的社会现象，媒体也深谙公众的情绪需求和兴趣所在，如财经媒体上每天都有专家对经济事件、股市走势的点评和预测。但建议大家不要过分相信股市行情预测。金融市场系统内部结构复杂、影响因素众多，可以说任何人都没有能力准确地预测出明天股指的点位。在无数人共同博弈的市场中，你不知道其他交易对手明天会有什么操作，买卖背后有什么原因，同样，在前一天晚上发布了盈利的业绩公告，第二天的股价走势也可能完全相反。人们关注专家的预测，其实很大程度上是为了寻求自我安慰。在潜意识里，有个声音告诉自己，"专家跟我想的是一样的""即便判断错误，也不是我一个人的错，就连专家都会出错，这次的风险是由不可抗力导致的"等。

在20世纪八九十年代，中国人普遍有定时收看天气预报的习惯，每天守在电视机前，准时收看《新闻联播》后的天气预报。国家花费大量人力和财力发射气象卫星、运用高科技设备和技术所编制的天气预报应该是准确的吧？但实际上，天气预报并没有人们想象的那么准确。想来也是，谁能说得准天上的云团在 12 小时后会被吹到哪里？后来，天气预报在播报内容上做了调整，不再预报明天的天气是晴还是下雨，而是改成降水概率是百分之几十，即只告诉大家明天下雨的可能性大概是多少。

长期以来，我们总认为在自然科学领域中的东西精确性更高、规律性更强。从比萨斜塔上落下的铁球总不会由于主观因素，导致这次用时比上次要长很多吧？因为在实验前，所有的物理变量和运用规律都是确定的，结果也是确定的。而随着量子力学的发展，"薛定谔的猫"让我们意识到，上帝也会"掷骰子"，在微观世界里充满着概率问题。现实中，变量太多使预测的难度大幅增加，进而影响预测的准确性，任何预测模型都无法囊括所有变量。而为了降低研究难度，简化后的模型得到的结果就不是那么精准，而且由于忽略了不太重要的因素，在极端情况下也会导致预测结果与真实情况产生极大偏差。

在社会科学领域中，由于人类行为难以预测，要做到精确的预测更加困难。大到总统选举、小到篮球比赛，不到最后一刻，都很难断言谁会获得最终胜利。而经济和金融市场更是有亿万人共同参与，每个个体的一点点变化都可能导致难以预知的结果。金融系统是庞大的、混沌的体系，想要准确预测是几乎无法做到的。

蝴蝶效应告诉我们，"一只南美洲亚马孙河流域热带雨林中的蝴蝶扇动几下翅膀，可以引起美国得克萨斯州的一场龙卷风"，但这只蝴蝶不会被预测模型所包含。

谁能想到，2023年上半年，美国位列第16位的硅谷银行会在众多储户集中取钱的累积作用下，最终面临巨大的流动性危机，股价曾单日下跌超过60%。硅谷银行最终被美国联邦存款保险公司接管，从而实质性破产。

《三体》小说中有一个场景：即使运用永恒的规律来预测，也无法得到准确而有意义的预测结果。

丁仪没有理会白艾思的话，指指夕阳中的沙漠说："不考虑量子不确定性，假设一切都是决定论的，知道初始条件就可以计算出以后任何时间断面的状态，假如有一个外星科学家，给它地球在几十亿年前的所有初始数据，它能通过计算预测出今天这片沙漠的存在吗？"

白艾思想了想说："当然不能，因为这沙漠的存在不是地球自然演化的结果，沙漠化是人类文明造成的，文明的行为很难用物理规律把握吧。"

"很好，那为什么我们和我们的同行，都想仅仅通过对物理规律的推演，来解释今天宇宙的状态，并预言宇宙的未来呢？"

影视界不断涌现很多高票房电影，但在电影正式发行放映之前，是很难预测票房能达到多少的。例如，把黄渤带到大众面前的《疯狂的石头》，当时因为资金紧张，剧组只收到350万元的投资，导演宁浩请不起大牌演员，只能低价请朋友出演，可见这个电影剧本并不被投资者看好。但谁能想到，这部电影一跃成为黑马，虽然票房只有不到4000万元，但与350万元的成本相比，投入产出比极高。

在经济领域中，要准确地预测更是十分困难的事情。根据英国金融顾问机构 Fathom Consulting 的一项调查，国际货币基金组织从 1998 年开始在《世界经济展望报告》中预测了 194 个国家的 469 次经济衰退，其中只有 17 次是提前一年预测到的，预测的准确率不到 4%。准确率这么低的预测已经没有什么价值。

在巴菲特的眼中，不管是经济预测、市场预测还是个股预测，在投资实践中都没有多大意义："任何预测市场的行为都是在浪费时间和生命，任何成功的投资从来都不是由预测市场得来的。""我对于预测未来没有任何兴趣，我将永远坚持我的想法。预测未来除了会浪费时间以外，另一个坏处就是它会让我们手足无措，酿成大祸。"

被誉为"全球最佳选股者"的彼得·林奇（Peter Lynch）也曾说过，他从不相信谁能预测市场，并认为风险是不可被测量的，未来的发展也不可能通过历史测量出来。总之，利用现有知识去预测宏观经济，本身就是很困难的事，预测是否准确取决于多种前提条件和假设。所以，不要过分依赖预测来做出判断，更不要迷信所谓的"一致预期"。虽然专家们根据丰富的理论及经验提供了专业的判断，但仍不能消除投资本身作为超级复杂系统的不确定性，精准地预测是极其困难的，没有人拥有能够看清未来、精准预测的"水晶球"。

那些历史上被人们视为伟大的投资，往往都是在普遍不被人看好的时候发生的。比如成名于次贷危机的约翰·保尔森（John Paulson），他在抵押信贷市场上选择了赔率更高的那一侧，成为市场中的少数派。但从结果上看，他押对了：最终为他自己和他的投资者大赚了200亿美元、特立独行的逆向思考能力是极为重要的。

一般对经济或金融市场进行预测，都是建立在历史数据或个人经验之上，把现在的情况与过往的情景做对照，再对未来走势做出线性外推或拐点预测。在人工智能的加持下，可以收集无数的场景资料，预测股市好像也变得很容易。但人的复杂性和由数以亿万计的人组成的复杂系统仍然是难以破解的系统性难题。当前人工智能不断发展，但是有亿万人参与的博弈系统仍然是难以逾越的世纪难题。在持续输入复杂体系以及亿万人参与博弈的前提下，资本市场的不确定性仍无法消除。

线性外推是惯性思维的产物

在现实的工作和生活中,我们总是摆脱不掉线性外推的习惯。例如,年初公司制定工作目标时,都会参照前一年的经营成果,下达今年的业务目标。如果去年营业收入同比增长10%,公司领导一般会说:"今年我们的营业收入要再创佳绩,力争实现20%的营业收入同比增长。"这便是典型的线性外推的做法。在长周期的行业,如对房地产价格的预测,很多专家经常会顺着大势做预测,认为房价会沿着过去长期的上涨趋势继续上涨。人们也更乐意接受这种偏乐观的上涨预测,尽管大家都知道没有只涨不跌的商品。

线性外推是我们人类认识世界的基本能力之一,其本质就是逻辑归纳法:从已有的经验中总结、推导出结果。比如,太阳今天升起,明天会不会一定升起?我们通过日常观察,可以证明这个结论是正确的。又如,孩子的身高去年长了10厘米,那么今年还会再长10厘米吗?这就说不定了,因为人类会受到自身基因的限制。其实,线性外推也曾给人们带来过很大的困扰。例如,100多年前西方国家曾出现过所谓的"马粪危机"(见图1-3)。

图 1-3　马车造成的市政问题很快成为历史

时间回到 100 多年前，当时在伦敦、纽约这些大城市里，最先进的交通工具当属马车。那时的马车就相当于如今的汽车，既有贵族的"专用马车"，也有适合大众的"公交马车"。当时伦敦有约 30 万匹马，其中每天有约 5 万匹马支撑着城市的交通系统。

马太多了，问题也很快产生了：马尿、马粪遍布街道，整个城市犹如一个巨型的马桶。马尿会蒸发或渗入地下，但马粪不可能凭空消失，会一天天堆积起来。假设平均一匹马每天要排泄大约 10 千克粪便，那伦敦 30 万匹马每天要排泄大约 3000 吨马粪。当时的人们都在发愁如何处理马粪，就像在 2000 年到来前，人们在面对"千年虫"时一样感到崩溃。

1894 年《泰晤士报》曾经预测，在接下来的 50 年里，伦敦将被高达近 3 米的马粪所淹没。纽约的预言家也表示："到 1930 年，曼哈顿的马粪将堆积到人们三楼的窗户。"当时，几乎所有的预言家都认为，马粪将成为全世界所有城市的噩梦。但 100 多年过去了，现实情况是，随着汽车的出现和推广应用，"马粪危机"不知不觉地消失了。但随着汽车的广泛应用，人们又开始担心石油终会被消耗完，石油危机也曾把原油价格推高到接近 150 美元 / 桶。而新能源技术的发展，似乎再一次终结了这种因线性外推带来的烦恼。

线性思维是一种直线的、单向的、单维的、缺乏变化的思维方式，即思维沿着线性或类线性的轨迹推演，试图寻求问题的解决方案。它在一定意义上来说是一种静态思维。

我们经常看到，有人运用线性外推的思维预测未来宏观经济、房地产价格或股价的走势，强调趋势投资的重要性。但现实中，世界上没有只涨不跌的资产，也没有一路向前的市场。

电影《大空头》讲述了次贷危机期间的几个经典投资故事。电影的原型约翰·保尔森正是由此一战成名，成为众人心目中的投资大师。

在次贷危机爆发前，美国房地产价格长期保持上涨势头，为此房贷利率长期维持在低位。为了促进房地产的销售，即使没有稳定收入的无业游民，也能在房产经纪人的一手操办下贷款买房。当经纪人被问到买房有什么好处时，便会拿出房价走势图信心满满地反问："房地产价格过去20年一直都在上涨，你有什么理由相信它不会再涨下去呢？"只要房地产价格一路涨下去，不仅购房者相当于免费住了房子，而且上涨的房价还能覆盖房贷利息。

无论个人还是金融机构都接受房地产价格仍会保持这种上涨趋势的观点，他们坚信这种趋势力量的强大，并为房地产价格再创新高而摇旗呐喊。金融机构把住房抵押贷款打包，包装成不同形式的金融产品，从评级机构拿到满意的评级级别，再将其卖给其他各类投资机构。既然贷款买房是"稳赚不赔"的买卖，那以房地产为抵押品的金融产品也应是十分安全的。

这便是人们习惯用来预测未来价格走势的线性外推思维方式。但房地产价格是有波动的，当房地产价格不升反跌，房地产价格低于贷款金额时,一场波及全球金融市场的金融海啸就来临了(见图1-4)。从长期的历史数据来看,房地产市场的崩溃曾经导致了多轮经济危机。价格总是有涨有跌,如果用简单的逻辑线性外推来预测未来价格走势,危机将不期而至。

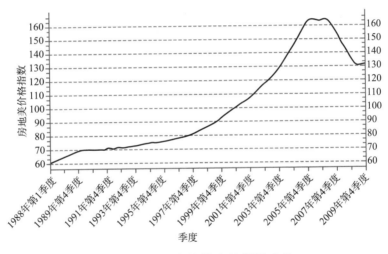

图1-4 美国房地美房价指数走势

资料来源:Wind 资讯。

预测拐点的先知

如果有人跟你说,这个价格去年是涨的,前年也是涨的,大前年还是涨的,现在外部环境也没有新变化,所以今年价格应该还是会延续过去的趋势,继续上涨,你会接受这种推断吗?可能这个人所说的都是事实,但他忽视了一个关键的事情:价格已经不再是几年前的水平了,已经涨起来了。要知道,价格过高是风险爆发的温床。此外,未来的外部环境究竟会不会变化,也是无法预知的。

有些研究理论从更长时间跨度分析周期波动的规律。例如,在宏观经济领域里提出了3~4年的基钦周期、10年左右的朱格拉周期以及50~60年的康波周期等。在股票研究中,出现了道氏理论、波浪理论和江恩理论三大技术分析理论,试图从过去股价走势中寻找淘金技巧。他们常常会提示高位风险或抄底机会,会用大道至简的话传达理论的精髓:"没有只涨不跌的股票,也没有只跌不涨的股票。"这句话巴菲特也曾说过。

通常情况下,拐点的预测更加困难。持拐点观点的人普遍与当时的市场走势预期相反,更容易受到"群体压力"的影响。在市场处于高歌猛进的时期,市场受到人们复杂行为的主导,价格已经远远脱离了事实和基本面的影响,人们的交易行为更多地受到交易投机性气氛和从众心理的影响。例如，"泡沫"时期的价格往往超出任何理性的假设。荷兰的郁金香泡沫、国内的君子兰泡沫等典型资产泡沫在形成过程中，很难判断其最高价格的拐点。此时是人类的行为模式而非资产本身在主导市场，理性的投资者早已出局，价格在"击鼓传花"中疯狂上涨，极少有人能够在高峰全身而退。

2007年美国房地产价格的大幅下跌，又一次印证了"没有只涨不跌的价格走势"这句话，旧金山高端、中端和低端房产谷底房价相较峰值分别下跌了39%、42%和52%（见表1-1）。房价下跌引发了全球性的金融海啸，黑天鹅再次起飞。

表1-1　次贷危机后美国5个都会区房价的最大跌幅（2007—2012年）

都会区	高端房产	中端房产	低端房产
纽约	28%	28%	28%
波士顿	20%	19%	17%
洛杉矶	41%	41%	46%
旧金山	39%	42%	52%
芝加哥	35%	40%	51%

资料来源：优投房官网《以史为鉴：2008年危机中看美国不同价位房产抗跌周期》。

我国的房地产市场发展时间尚短，还没有经历日本、美国式的完整周期。美国次贷危机后，我国的房地产行业仍一路向好，直到2021年下半年开始出现拐点。

因此，即使经历过美国次贷危机，想要精准地预测房地产价格拐点进行投资决策仍然是极其困难的。而对在过去20多年的时间里没有经历过完整周期的我国房地产行业来说则更加困难。

现在，相信大家普遍认同"涨多了会跌、跌多了会涨"的规律，与《吕氏春秋》中"全则必缺，极则必反，盈则必亏"是同样的道理。美国橡树资本管理公司的联合创始人霍华德·马克斯（Howard Marks）在《周期：投资机会、风险、态度与市场周期》一书中写道："周期曲线的理性中点通常会施加一种磁力，使正在循环的事物从极端方向返回到'正常'的长期趋势中。"但具体想要预测偏离多大的幅度才会向均值回归，以及在什么时候会从偏离的状态开始向均值收敛，这几乎是不可能办得到的事情。

《大空头》里讲了几个次贷危机期间的投资故事，其中包括独眼基金经理迈克尔·巴里（Michael Burry）的故事。

在次贷危机爆发前,美国房地产市场表面上风光无限,主流媒体和华尔街都一致唱多房地产,但巴里坚持做空美国房地产,因为他发现市场上存在过度放贷、不合格贷款人增加以及房价过高等异常情况。只是巴里发现问题的时间太早,把真金白银投入信用违约互换(Credit Default Swap,CDS)做空次级抵押贷款后持续承受着亏损,2006年巴里管理的赛恩资本的净值下跌18.16%。他的投资者不能理解巴里,毕竟在他做空次级抵押贷款的时候,美国的房市看不到任何下跌的迹象。投资者给巴里施压,想要强行召回资本金,阻止巴里的疯狂行为,巴里面临着巨大的亏损压力和投资者的指责。

巴里虽然预感房地产泡沫即将破裂,但预测不到具体的时间,只能在巨大的压力下苦等天亮。电影中有一个场景:一个人战斗的巴里变得有些狂躁,他独自待在办公室内听刺耳的重金属音乐。幸运的是,巴里熬过了2年的漫长等待,坚持到了房地产泡沫破裂的那一刻,2008年,巴里清空了自己所有的CDS,空头持仓,回报率接近490%。否则,他只能成为一个悲剧人物,而不会成为资本市场中神一样的人物。

除了巴里,《大空头》还介绍了其他几位投资者的故事,他们都是黑天鹅事件中投资成功的少数人。美国次贷危机让雷曼兄弟轰然倒下,政府提供支持的房地美、房利美陷入破产保护,AIG 保险、高盛这些大名鼎鼎的机构因接受了政府保护而免遭破产厄运。幸运儿总是极少数的,成功预测次贷危机并全身而退的投资者更是凤毛麟角,巴里这样赚大钱的人屈指可数。

在资本市场正常运行的情况下,亿万投资者之间的激烈博弈支撑着复杂系统的正常运转,此时无论做趋势预测还是拐点预测,准确率都不高。相反,当经济和市场处于极端状态下,复杂系统的内部运行逻辑被打破,系统处于外部冲击的"熵减"阶段,有避免系统彻底崩溃、恢复系统有序运行的内在要求,其可预测的概率大幅提升。可见在特殊极端状况下,胜率才有可能提升。

世界变得危机四伏

在物理、人口统计、医学、经济等许多领域,普遍存在被称为"正态分布"(Normal Distribution)的统计规律,在庞大数据样本的支持下,它在概率分布上呈现钟形的特征:两边低、中间高。在绝大多数情况下,变量主要集中在一定范围之内,超出这个范围也是有可能的,只不过发生的次数比较少,右侧是极端大值,左侧是极端小值。我们将这些超出主体范围的区间称为"极值区间"(见图1-5)。

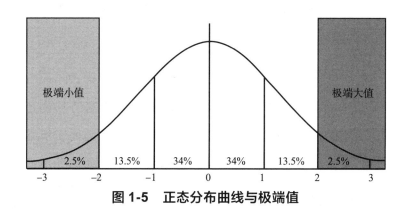

图1-5 正态分布曲线与极端值

随着人们的生活和医疗条件的大幅提高,我们身边70~90岁的老人可以说比比皆是,2021年中国居民人均预期寿命已经达到78.2岁。而年龄达到110岁以上,甚至120岁以上的老人,大家会称之为"老寿星",属于极少数的个例。

股市的涨跌幅度也有同样的规律:道指涨跌幅绝大多数都集中在±20%范围内,而涨得太多或跌得太多的情况都是小概率事件。反映在图形上,即随着曲线向两侧延伸,应该逐渐变得越来越"薄"——离中央区域越远,发生的概率越小。

对过去120多年道指的年度涨跌幅进行统计,发现分布曲线在向左侧延伸时,在30%~40%的区间反而变"厚",如同"翘起尾巴"一样(见图1-6)。这说明道指年度跌幅在这个区间内发生的概率偏大,本应很少发生的极端事件变得更加频繁,意外事件不再"意外"了。这种情况被称为"肥尾分布"或"厚尾分布"(Fat Tail)。

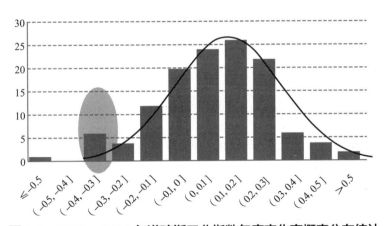

图 1-6　1900—2022 年道琼斯工业指数年度变化率概率分布统计

资料来源:Wind 资讯。

注:图中纵轴为出现的年份数,横轴表示涨跌幅的比例。比如,(-0.5, -0.4]表示跌幅在50%~40%的年份。

肥尾分布在经济和金融领域中较为常见。黑天鹅事件发生打破了经济在正常环境下的均衡状态，导致市场极端行情出现的概率加大、尾部风险上升，金融市场的波动性也变大。

这种冲击是无法躲避的，因为黑天鹅事件无法提前预知。这种尾部风险总会不时地在我们身边发生。例如，新冠疫情初期美国股市频繁的熔断，再次让人们领略到金融市场的变化无常。

自从1988年美国股市设立熔断机制，到2022年这30多年里一共经历了5次熔断，大约平均每7年出现一次。从平均出现年限的统计数据来看，熔断明显是一个小概率事件。这也与我们的直观感觉相符：毕竟熔断机制本身就是为了应对市场异常波动，因而发生的概率很小。

但现实中，熔断的时间分布却是极度不均匀的。在2020年之前，只在1997年10月27日发生了一次熔断；而在2020年3月却密集发生：3月9日、3月12日、3月16日和3月18日，在10天里美股一共发生四次熔断。无奈的投资者称"不是黑色星期一，而是黑色一星期"。显然，美股熔断已经不是理论上的小概率事件，它在2020年已经不再"稀缺",而发生得过于频繁,将过去 30 年总结的规律完全颠覆。这说明历史数据形成的市场经验,可能在极端市场环境下失效。

风控体系经受尾部风险考验

风险管理是基于严谨的数学模型建立的,但任何一个模型都是建立在预设的先验假设条件下的,其中包括假设风险变量服从正态分布。比如,确定风控指标的阈值区间都是基于正态分布的假设,以设定的目标置信度来计算。例如,设定 90% 置信度确定的阈值区间,理论上可以包含 90% 的风险事件所产生的后果,同时有 10% 的极端风险事件不在控制范围之内。虽然不能控制、防范所有风险,但它在实务上有可操作性,既可以管理好绝大多数风险,也不会对业务产生过于严格的约束。

但由于黑天鹅事件会打破原本完美的统计规律,意想不到的风险会突然到访,甚至破坏性巨大的风险事件从"百年一遇"变成"十年一遇",所设立的防火线也将被轻易突破,风险管理的目标便难以实现。黑天鹅事件对风控模型的理论基础和前提假设造成根本冲击，风控模型犹如建在沙滩上的摩天大厦。

风险管理模型只能管控听话的猴子（风险），而对不断尝试把手伸出笼子的调皮猴子，它就起不到作用。俄罗斯的突然违约使长期资本赔得一塌糊涂，次贷危机把百年雷曼推向破产，要不是美国政府出手援救，还会有更多的金融机构关门破产，但事前所有的风控系统对此都无能为力。

那些企图通过历史极值去防范所有风险的想法，就是在不断挑战"卢克莱修谬论"。该理论认为，过去的极值并不能很好地预测未来的极值。更形象的说法是，用过去的最高水位来预防洪水是非常天真的，毕竟破纪录的事情总会发生。

近期一个非常典型的意外事件发生在2020年，被称为"原油宝事件"或"原油负价格事件"，其意外程度甚至高于美股4次密集熔断的历史纪录，真可谓是"活久见"。

2019年后的一段时间内，纽约商品交易所西得克萨斯中部原油（NYMEX WTI）发生了大跌（见图1-7）。

2020年4月20日纽约商品交易所5月交货的轻质原油

期货，价格收于 –37.63 美元 / 桶，盘中一度跌到 –40.32 美元 / 桶，创下前所未有的历史最低纪录。有谁能够想到，原油期货价格竟能跌成负值？

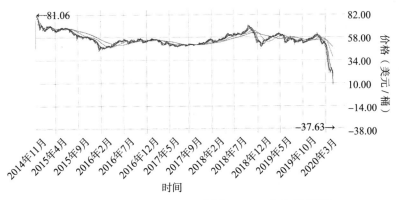

图 1-7　NYMEX WTI 原油 2005 合约结算价

资料来源：Wind 资讯。

原油负价格事件虽然是一个典型的黑天鹅事件，但影响范围相对有限，风险的扩散广度和深度不大，与次贷危机相比不是同一量级的。但对于身处原油负价格旋涡的投资者和银行而言，一定是极其痛苦的——无法想象投资原油还要倒贴钱，这几乎超出了所有人的认知能力。

人们总会有莫名的自信，认为可以掌控一切，可以把经济按自己的计划安排得井井有条。但黑天鹅事件如同小说《三体》中的"乱纪元"一样无法预知、难以预防,一次次光临将理想国度击碎,让人们饱受痛苦。关键是人们长期形成的经验、总结的规律往往会被彻底颠覆,看似稳定的规律可能在瞬间瓦解。

黑天鹅总会在不经意间从意想不到的角落里飞出来,使原本平静的湖面荡起波浪,推动漂浮在水面的叶子剧烈地上下浮动,让紧扒在叶子上的蚂蚁惶恐不安。

第2章　稳定规律的终结

套利规律不再稳定

现代投资理论和实践十分重视数理统计的方法工具，如利用高频率数据寻找套利机会、基于均值回归根据历史分位水平寻找投资时机都是常用的策略。由于经济、金融领域广泛存在厚尾风险，过于依赖数理统计的投资策略也会遭受损失，不乏知名投资机构因此输得一败涂地。

套利者认为金融市场是有效的，聪明的资金会消灭不合理的市场价差，使金融市场恢复至无套利的均衡状态。一些量化投资策略会利用金融市场的大数据寻找一些相关性很强的资产，研究不同资产之间价格偏差的统计规律——这种价格偏差最好服从正态分布。这样当价格偏差显著处于极值状态时，做多价格低的资产，同时做空价格高的资产；等到价格偏差收敛到正常水平后，便可以将两个资产平仓，从而兑现套利收益。

这种套利投资在期货市场中应用很广泛，因为这个市场中天然存在很多价格高度相关的资产，比如交割日不同的同品类商品期货合约之间、不同商品交易市场之间的同类商品期货合约之间以及同类商品的期货与现货之间，通常都表现出很好的价格同步性。此外，大豆、豆油和豆粕之间在生产领域中存在稳定关系⊖，在这三种商品的期货合约之间，理论上也可能存在多边套利的机会。

以 WTI 原油 2304（2023 年 4 月到期）与 WTI 原油 2306（2023 年 6 月到期）这两个到期日比较近的合约为例⊜（见图 2-1）。在 2022 年 4 月至 2023 年 3 月初的这段时间里，这两个期货合约的价格走势高度相关，并且随着 WTI 原油 2304 合约临近交割，从 2022 年 12 月开始，WTI 原油 2306 合约的价格就几乎与之完全重合。

⊖ 1 吨大豆价格 + 运输成本 + 加工成本 + 其他费用（利息、保险等）= 0.785 吨豆粕的价格 +0.185 吨豆油的价格。

⊜ 由于在合约存续期内，WTI 原油 2304 的到期日早于 WTI 原油 2306，一般称到期日早的为近月合约，到期日晚的为远月合约。

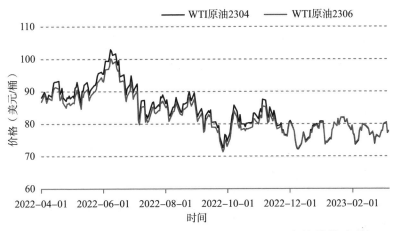

图 2-1　WTI 原油 2304 与 WTI 原油 2306 合约价格走势

资料来源：Wind 资讯。

我们用 WTI 原油 2304 每天的收盘价减去 WTI 原油 2306 的收盘价，得到这两个不同到期日合约间的价差（见图 2-2）。可以清晰地看到：价差在 2022 年 12 月之前的波动总体保持在 1~3 美元的小区间内；但在 12 月之后，价差基本就收敛到 0 附近。

如果价差超过 2 美元，也就是远月合约的价格比近月合约低 2 美元以上，做空近月合约、做多远月合约。等待时间逐渐临近近月合约交割日，价差将从 2 美元收敛至 0 附近。若不考虑实际操作中产生的交易成本、利息费用等，将获得

2美元的套利收益。反之,如果价格呈现远月合约的价格远高于近月合约的格局,就可以反向套利,即卖出远月合约、买入近月合约,以期赚取价差收敛的套利收益。

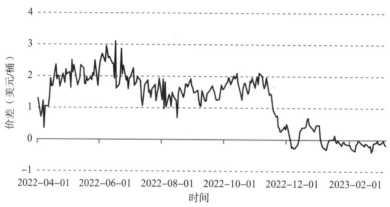

图 2-2　WTI 原油 2304 与 WTI 原油 2306 价差走势

资料来源：Wind 资讯。

注：图中数据为 WTI 原油 2304 与 WTI 原油 2306 的实时价差。

套利者认为,通过做多、做空的配对交易可以把市场风险完全对冲,从而稳稳锁定套利收益。尽管每次交易的收益并不大,但所承担的风险也小。看起来这个套利策略似乎是稳赚不赔的。可是,事情真的会是如此、不会出现意外情况吗？

2020 年 2 月前,原油负价格事件的主角 WTI 原油 2005

与远月合约 WTI 原油 2007 之间的价差仍在合理的范围内波动，价差空间总体上在 1 美元附近（见图 2-3）。假如在 2019 年年底、2020 年年初价差超过 1 美元时做多远月合约，同时做空近月合约 WTI 原油 2005，等到 2020 年 2 月价差收敛到 0 附近时平仓，那么就是一笔再正常不过的套利交易，只是套利空间很小。

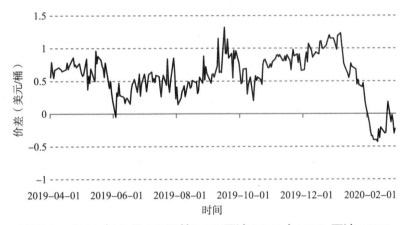

图 2-3　2020 年 2 月 28 日前 WTI 原油 2005 与 WTI 原油 2007 价差走势

资料来源：Wind 资讯。

注：图中数据为 WTI 原油 2005 与 WTI 原油 2007 的实时价差。

但这次剧情并没有按以往的剧本推进：市场突然出现一个很大的套利机会，在价差回归 0 的强大信念下，套利交易者很难对这个套利机会视而不见——有谁会放弃天上掉下来的大馅饼？

从2020年2月28日开始,近月合约相对远月合约价格跌得越来越多(见图2-4)。3月中旬以后,价差已经接近-4美元,即WTI原油2005比WTI原油2007的价格便宜近4美元。若此时做多近月合约、做空远月合约,待价差重新收敛到0附近时,所获收益将是2月28日之前套利交易的4倍。

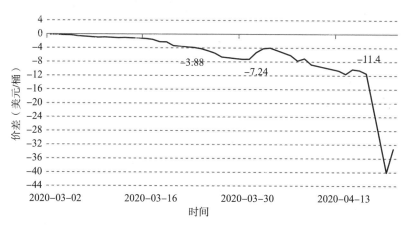

图2-4　2020年2月28日后WTI原油2005与WTI原油2007价差走势

资料来源：Wind资讯。

注：图中数据为WTI原油2005与WTI原油2007的实时价差。

此后，价差继续震荡向下，当价差在4月中旬扩大到 -11 美元时，有人能忍住不出手吗？当价差在此后扩大到 -40 美元时，还有人能忍住不出手吗？如果有人对价差终将收敛至 0 的信念极其坚定，非但没能及时了结套利头寸，反而逐渐增加套利头寸，甚至借钱去做，那么结局将无法想象，因为直到最后，价差都没有恢复到 0。当然，期货市场有保证金制度，这么做的投资者可能中途就因保证金不足而被强行平仓，也可以少亏一些。

看似极其偶然的小概率事件常被人们所忽视。但现实中总会发生意想不到的黑天鹅事件，即使有过一万次完美的成功套利经验，第一万零一次也有可能失败。价差收敛的规律并不总是那么完美，尤其是当价差大到让获得的"赔率"很大时，套利交易者受过去无数次观察和操作形成的"信仰"的鼓励，往往会倾向于下"大注"，长期资本管理公司的悲剧就会上演。因此，赔率不是投资决策的关键要素，由于黑天鹅事件的存在，赔率可能成为双刃剑，对自身也造成伤害。

胜率优先的原则是建立在承认和接受黑天鹅事件存在这一根本的市场机制之上的。在投资中没有万无一失，尤其是

"赔率"很大的时候更要提高警惕。要将投资做成长期事业，不是一把"梭哈"追求一战成名，而是持续的"积小胜为大胜"；不能纠结于一城一池的得失，而是从一个胜利走向另一个胜利。这样，即便是偶发的、"赔率"非常大的失败，也不会给投资造成难以承受的损失。胜率优先，追求成为长线赢家。

长期资本管理公司的陨落

曾经有一家极负盛名的投资机构，在统计套利交易中轰然倒下，其投资的品种还是国债，只不过做的不是期限套利，而是难度更大的国别套利。这家机构就是大名鼎鼎的长期资本管理公司（Long Term Capital Management，LTCM），倒在俄罗斯国债违约的黑天鹅事件下，稳定的套利规律因此彻底崩溃。

20世纪90年代，全球对冲基金行业蓬勃发展，长期资本管理公司和量子基金、老虎基金、欧米伽基金被称为对冲基金行业的"四大天王"。长期资本管理公司成立于1994年2月，团队集聚了金融界的精英、学术明星和政界巨头，包括被称为华尔街债券套利之父的约翰·麦利威瑟（John Meriwether），1997年诺贝尔经济学奖得主罗伯特·默顿(Robert Merton)和迈伦·斯科尔斯（Myron Scholes，期权定价BS模型中的"S"），以及美国联邦储备委员会（简称"美联储"）原副主席戴维·马林斯（David Mullins）。长期资本管理公司被人们称为每平方英寸智商密度最高的地方，以绝对的智商和影响力优势获得了"梦之队"的赞誉，在投资界，其在见识和认知能力方面几乎无出其右。

据《拯救华尔街：长期资本管理公司的崛起与陨落》一书披露，长期资本管理公司在1994年成立之初资产净值为12.5亿美元，到1997年已经达到48亿美元，这4年的投资回报率分别为28.5%、42.8%、40.8%和17%，同时单月最大亏损只有2.9%，不仅收益率高，而且波动率也很小。即便放到现在，把这样的业绩拿给任何一家金融机构看，完全能得到五A评级——人们会放心地把钱交给其管理。但就是这样一个全明星团队、有过如此耀眼投资业绩的对冲基金，竟然在1998年的债券套利策略中陨落，最后被14家机构联合收购了90%的股权。

长期资本管理公司认为市场终归是理性的，以"不同市场证券间不合理价差的生灭自然性"为基础，寻找不正常的市场价差，再通过资金杠杆放大，即使在很小的价差中也能够实现高收益。这一理论听上去似乎很完美，时至今日仍是对冲基金的主流策略。当时，西蒙斯领导的文艺复兴基金也是在海量数据中寻找套利机会。但随着黑天鹅事件逼近，这种"完美"的投资策略面临着极大的挑战。

东南亚金融危机爆发后，泰国等国家因资本外流导致债券收益率大幅上升。长期资本管理公司认为发展中国家的债券被低估，与发达国家之间的债券利差过高，这种利差将会回归至正常水平，因而选择做多发展中国家债券、做空发达国家债券。这种策略他们并不陌生，但这次与往常不同，出乎意料地遭遇了黑天鹅事件的"袭击"——小概率事件把长期资本管理公司击倒在地。

1998年，国际石油价格大幅下跌，对原本陷入财政赤字的俄罗斯来说更是雪上加霜，财政和经济都面临难以承受的压力。而在1997年年底，标准普尔已经调低了俄罗斯政府债券的信用评级，加上1998年年初东南亚金融危机开始在泰国爆发，俄罗斯金融市场陷入了持续动荡中。在风险偏好降低的驱使下，大量资金从俄罗斯流出，转向安全性更高的美国、德国等发达国家，进而推动发展中国家与发达国家债券的利差不断扩大。

为了稳定债券市场，1998年8月俄罗斯推出了强硬的政策，包括延期90天偿还到期的国债，并将1999年到期的200亿美元的短期国债转换成3~5年不等的中期国债。这时，俄罗斯国债已经发生实质性违约，引发了资产价格大幅回落、资金疯狂外逃、俄罗斯卢布贬值的一连串"链式反应"。

此时，俄罗斯国债收益率与美国和德国等国家的利差出现了极值。在利差均值回归的信念下，长期资本管理公司果断增加了俄罗斯债券的持仓量，有点像输红眼的赌徒，想与市场赌一把大的，企图一把回本。

但局面并没有朝好的方向发展。8月17日，俄罗斯政府宣布将汇率的浮动范围扩大到1美元兑换6~9.5卢布，并将延期偿还所有对外债券。这一举措使国际资本更加疯狂地逃离，涌向发达国家，负面情绪在全球范围蔓延。此时，发达国家与发展中国家债券间的利差非但没有收窄，反而向反方向变化——利差出现了意想不到的扩张。很明显，这一次长期资本管理公司押错了筹码。

除了利差没有按预想的那样向零回归，导致或加速长期资本管理公司陨落的另一因素便是杠杆。在以往的投资中，杠杆成就了长期资本管理公司，但这次杠杆加速了长期资本管理公司凋亡的速度，可谓风险收益同源，成也萧何，败也萧何。

此前，长期资本管理公司关注的利差变化波动小，每一次交易的利润空间不大，但长期资本管理公司借助回购协议和衍生品放大交易，利用高杠杆成倍增加交易利润。可是杠杆是一把双刃剑，既有可能带来成倍的收益扩大，也有可能加快本金的亏损速度。可以说"天堂"和"地狱"之间只隔了一个杠杆。当市场朝不利方向发展时，杠杆比率要求长期资本管理公司补充足够的现金以支付保证金，导致其出现巨额亏损。金融市场就是这样：无数次的小盈利使你的信心和野心不断膨胀，但只要有一次大亏损，你的本金和以前赚的钱就会全部还给市场。

短短百天，长期资本管理公司的资产净值暴跌90%，净亏损43亿美元，走到破产的边缘。1998年9月23日，最终由美国联邦储蓄系统出面沟通斡旋,由美林、高盛等14家国际金融机构向其注资36.65亿美元,购买了长期资本管理公司90%的股权,共同接管了长期资本管理公司。2000年,长期资本基金倒闭清算,彻底退出历史舞台。

(1998年)8月17日,周一,俄罗斯宣布暂停偿付债务。政府决定用卢布向西方债券持有人偿付债务。此外,政府还放弃了在海外市场维持卢布价值的努力。简而言之,俄罗斯货币贬值了——至少对其所借外债而言,这个国家曾经信誓旦旦地承诺,但现在违约了。俄罗斯表示,暂停偿付的范围适用于135亿美元的卢布债务。这样做无异于打破游戏规则,很多曾深陷债务危机的国家都知道,政府信誉等同于一个国家在国际上的价值——但此时的俄罗斯已经无暇顾及了。

消息传来,国际市场一片沉默,至少一开始是这样的——各国都不知该如何反应了。随即,墨西哥和巴西的债券市场暴跌,日本股市和各新兴市场走低,但道琼斯工业股指上涨了近150点。自1929年已形成危机公关传统的美国银行界迅速宣布,俄罗斯违约不会对自己的表现造成重大影响。大通曼哈顿（该银行股价在6周后暴跌50%）首席信贷官罗伯特·斯特朗向华尔街安全分析员自信地表示："我不认为俄罗斯对大通或其他美国银行是什么大问题。"确实，如果从整体债务规模来看，俄罗斯的确不是什么大问题，也就和委内瑞拉的负债水平差不多。

只不过俄罗斯不是委内瑞拉。都说大国不会出现金融违约，可俄罗斯却出现了，这种情况的发生无疑为市场带来了非常恶劣的影响。投资者已经习惯性地认为，只要市场出现问题，国际金融机构就会组织救助。但这一次让他们大失所望了：国际货币基金组织并没有行动，美国财长和西方七国首脑集团也没有援助。国际货币基金组织前高级官员莫里斯·高德斯坦承："这一次，国际货币基金组织和七国首脑集团拒绝救助俄罗斯。"这一决定带来的影响就像西伯利亚寒流一样迅速波及全球市场。投资者的美梦破灭了，他们终于意识到市场没有永远的保障。自美国组织救助墨西哥经济危机之后，市场不断高涨的期望就像越吹越大的泡沫，这一次终于被无情地刺破了。很快，投资者逐渐意识到，没有一个市场是安全可靠的。

俄罗斯政府宣布违约3天后，周四，全球市场陷入低迷。东欧和土耳其债券市场疲软，加拉加斯股市暴跌9.5个百分点，委内瑞拉民众陷入恐慌，开始抢购美元，巴西股市下跌6个百分点，德国股市下跌2个百分点……危机已经蔓延到世界各地。

此时的投资者不但在逃离新兴市场，同时也在逃离任何存在潜在风险的市场。他们的恐慌表明，亚洲金融风暴从未远离过国际市场。作为信贷市场指示器的互换价差，像是发了高烧一样向上猛蹿。英国巴克莱银行命令交易员退出做空利率互换交易。和长期资本管理基金一样，就连这些交易员也认为当前的价差水平高得吓人。显然，巴克莱银行放弃交易的决定只会进一步推高市场价差。但银行管理层已经顾不了这么多了，他们只想退出市场，哪怕要为此承担风险。

8月21日，周五，市场中所有交易员都准备退出了。亚洲和欧洲股市暴跌，道琼斯股指当天上午下跌280点，下午又收复失地。短短一天之内，巨大的市场变动就让长期资本管理基金损失了数千万美元。

信贷市场的问题更加严重。国债交易开始升温，但推动交易的原因是投资者的恐慌情绪，因为购买国债要比其他信贷产品更为安全。几个月前他们还搞不清楚市场到底存在什么风险，但现在人人都开始谈信贷危机了。曾经多姿多彩的投资世界，如今在俄罗斯国债违约、日本股市暴跌和克林顿丑闻等各种消息的打击下，突然变得苍白乏味。无论哪一个市场，投资者只求最有保障的债券。在美国，30年期国债受到热捧；在德国，10年期国债供不应求。无论在世界哪个角落，人们都在抢购安全债券（低收益债券）、抛售高风险债券（高收益债券），结果推动债券价差进一步扩大。每一分钟，长期资本管理基金都会出现数百万美元的损失。

节选自《赌金者：长期资本管理公司的升腾与陨落》

在长期资本管理公司陨落的过程中，黑天鹅事件引发的尾部风险是这个灾难的起点，而高杠杆是加快这一进程的助推器。没人能够预料黑天鹅事件是否会发生，何时发生，如同长期资本管理公司的专家们根本不相信俄罗斯国债会违约。

我们也吃惊地发现，丰富的经验有时会起到相反的作用。基于大数据统计建立的规律很容易被意外事件摧毁，尽管学术研究中可以将其作为异常值忽略掉，但在投资实践中，只要有一次意外发生，前期积累的财富可能会被瞬间清零。

不要轻易使用杠杆，因为杠杆使投资组合变得脆弱。同样，只要有一次大幅下跌，就有可能给投资组合带来毁灭性的灾难。毕竟只要10%的下跌，就可以让10倍杠杆的组合净资产归零。无论多么有把握的投资都有可能遭受意外事件的打击，脆弱的投资是无法在黑天鹅飞舞的资本市场的复杂体系中长期生存的。LTCM组合的脆弱性是一场完美的风暴，黑天鹅又一次显示了其威力。资本市场不是完美地按照模型规律运行的，虽然大部分时间它看起来都是可以预测的，但正如基因遗传大部分都是遵循规律的，仍有偶发的突变存在。忽略、无视这种突变将给投资组合带来严重的后果。不能抵御偶发突变的体系是脆弱的，投资者需要把脆弱的投资体系转变为坚韧或者反脆弱的体系，才能"与狼共舞"，无惧"黑天鹅""灰犀牛"等的突袭。

极值投资与逆向投资

逆向思维能力是投资中非常重要的思维逻辑。雅努斯是罗马神话中的保护神，传说中，他的脑袋前后各有一副面孔，一副凝视着过去，一副注视着未来。古罗马钱币上经常有他的形象，一手握着开门的钥匙，一手执警卫的长杖，站在过去和未来之间。雅努斯思维法就是把握思维对象中对立的两个面，自觉遵循逆向路径研究问题，善于把正向思考和逆向思考结合起来，把握对立面之间相互渗透的关系，以达到对问题的解决。对立是为了共存。劳伦·C.邓普顿（Lauren C. Templeton）、斯科特·菲利普斯（Scott Phillips）的《逆向投资：邓普顿的长赢投资法》一书中写道："如果你想比大众拥有更好的投资表现，那么你的投资行为必须有别于大众。"

1972年12月23日，尼加拉瓜共和国首都马那瓜发生大地震，一座现代化城市化为瓦砾，死亡万余人，震中511个街区房屋几乎完全被摧毁。令人惊奇的是，震中一片废墟中，唯独一幢18层的美洲银行大厦安然矗立，而大厦正前方的街道路面已经出现了上下大到1/2英寸⊖的错动。该大厦奇迹般的表现轰动了全球。

⊖ 1英寸=0.0254米。

该大厦由著名的结构工程专家林同炎设计建造。他在设计美洲银行大厦的过程中，曾经试图建造一座在强震中完全不会出现房屋崩裂的建筑，但是无论用什么办法都无法解决建筑材料在强大外力作用下会变形的问题。他的解决方案是：如果不能完全避免被地震损坏、以刚克刚地正面解决问题，是否可以建立附属设施来吸收地震能量并减少对建筑的损坏，以达到保护建筑主体结构的目标。因此，他设计了框筒结构，刚柔并济，当强震发生时，可由房屋结构中的次要部件开裂减少地震力对主要构件的冲击影响。因此地震过后，18层的美洲银行大厦才能安然无恙。

逆向投资本质上是一种逆向思维的逻辑，当市场出现下跌时，逆向投资的理念在于下跌的理由是否充分且必要。如果导致市场大幅度下跌的理由是站不住脚的，那么恐慌带来的下跌反而是投资的良机。这一点与极值投资是相同的。极值投资与逆向投资一样，都是运用逆向思维把握投资的机会。

但极值投资与逆向投资还是有非常大的不同之处。逆向投资并不会区分一般事件还是极端事件，任何导致资产价格变动的原因，都可以通过逆向投资的思维重新审视市场反应的方向和程度的正确与否。当发现市场的变动与逆向投资思维所理解的方向或者涨跌幅度有所差别时，相信未来市场会矫正当前的错误方向或者价格变动的程度，从而作为投资的依据。

极值投资的逻辑有所不同，只将极端的事件纳入关注的范畴。其核心理念认为，极端事件市场在恐慌的情绪主导下，错误的概率更大，投资的胜率也更高。当受到突发负面事件冲击后，在事件冲击、基本面预期和市场情绪这三块砖头的压力下，股市就如同弹簧一样被往下压去，但压得越紧，后面则需要更大的负面冲击才能使股市继续下跌。在极值状态，此时的投资安全性更好，胜率也就更高。

即使股票市场进入极值状态，也不能保证后面不再出现更为极端的情况——尽管其出现的概率极低。毕竟，黑天鹅事件是无法预测的，尾部风险总会令市场受到惊吓。有谁能想象到2020年3月美股会在10天内密集地出现四次熔断呢？况且我们不能保证买进就上涨，这是极值投资所需要面对的。但是，在极值水平投资能够很好地管控净值下行风险，即使会继续下跌，但下跌的幅度和持续的时间都将有限，对投资者的负面情绪影响也要小很多。俗话说"否极泰来"，在股市跌到历史极值时，哪怕一点好消息都会成为市场反弹的动力。更何况，此时政府、企业和个人都有使经济和股市转好的强烈意愿，往往在政府力挺股市时，也就是比较明显的政策底。如果把时间跨度放得更长一些看，极值投资能够大幅降低被套牢的风险，投资体验会更好。

极值投资和逆向投资的另一个显著不同在于，逆向投资着眼于思维对象中对立的两个面，把握住对立面之间相互渗透的关系，从而达到"以毒攻毒"的效果。以林同炎设计建造的美洲银行大厦为例，既然地震不可避免，何不使破坏与保护相互统一，作为解决问题的钥匙？反脆弱的框筒结构设计成为美洲银行大厦在强震中奇迹般屹立不倒的神来之笔。"破坏与保护"在这个案例中并不矛盾：破坏了附属的、不重要的设施，成为保护主体结构的关键要素。在象棋中也常用"丢车保帅"的战术。

在投资中，黑天鹅事件跟地震一样，不可预测又无法完全回避。在资产组合中，要借鉴林同炎先生设计美洲银行大厦的思维逻辑，避免出现脆弱的投资组合。如果集中高仓位赌有限的机会,一旦风险来临,很有可能会面临满盘皆输的结局。在投资实践中,要努力构建反脆弱的组合,合理控制资产配置中高风险资产的仓位,这样即便黑天鹅事件发生,也不会对投资组合造成灾难性的影响;反而,能够利用黑天鹅事件的破坏能量形成的投资机会,捕捉良好的极值投资时机。

第3章　黑天鹅事件带来极值投资

黑天鹅事件总会不请自来

对于黑天鹅事件的发生，资本市场是没有准备的。这些事件的发生不受资本市场控制，随时可能发生，并且都会带来非常严重的灾难。这是资本市场历史的真实写照。

我们生活的世界是一个复杂的系统，每个人都在共同推动这个庞大的体系向前行进，每个环节都有可能发生意外，引发难以预料的灾难事件。就像塔勒布说的那样，黑天鹅事件总会发生的，是必然的，只是发生的时间或早或晚，但不会缺席。即便是精于算计的人，也难保不被随机的黑天鹅事件所愚弄。可以说，几乎任何预测黑天鹅事件的努力都是徒劳的。

面对纷繁复杂的世界，我们可以窥见一斑，但远远无法探知一切。未知的和已知的混杂在一起，给我们出了很多难题，我们只能无奈地被动接受这一切无法预知的灾难。既然无法回避突然飞出来的黑天鹅，那么就应该顺应这种不可知的未来。

国际关系、地域政治的变化有可能成为黑天鹅事件。谁能想到，1914年一名塞尔维亚民族主义者在萨拉热窝刺杀斐迪南大公，最终引致全球伤亡超过4000万人的第一次世界大战。

地震、疫情也有可能成为黑天鹅事件。也没人能想到，日本频繁发生的地震导致福岛核电站发生核泄漏，其影响到现在都无法消除，对人类的长期影响尚不可知。

人们在谈论黑天鹅事件时，往往都是从上帝的视角看待过去发生的重大风险事件，似乎通过这些黑天鹅事件组成的案例能帮助我们充分认识到或预测出未来即将发生的黑天鹅事件。实际上没有人能准确地预测下一只黑天鹅将从哪个角落飞出，资本市场从未对黑天鹅事件做好准备。我们能否在黑天鹅事件中生存下来？投资者普遍会对这个问题抱有一种不安全感。世事难料，随着阅历的不断积累，我们多少都会有这种人生感悟。

2008年美国次贷危机期间，美国五大投行中排名第三至五名的美林集团、雷曼兄弟和贝尔斯登公司接连申请破产，而美国政府仅对其中的两家出手相助，最终有158年历史的雷曼兄弟破产。黑天鹅事件的无法预测，再次验证了墨菲定律[一]。

同样，站在2023年3月初，人们都看到了美国的连续大幅加息把美国利率抬升到非常高的水平。受2008年次贷危机的警示，有的人已经对美国房地产行业的潜在危机有所担忧。黑石集团作为全球最大的另类资产管理公司，此前已经被爆出有一只5.31亿欧元的芬兰商业房地产按揭贷款支持证券发生违约。同时，投资者连续4个月蜂拥撤出黑石710亿美元体量的旗舰房地产投资信托基金。在快速加息之下，欧美商业地产陷入了危险境地。

就在投资者为可能到来的地产危机而担忧时，2023年3

[一] 墨菲定律是一种心理学效应，1949年由美国工程师爱德华·墨菲（Edward A. Murphy）提出，又称墨菲法则、墨菲定理等。它具体是指如果事情有变坏的可能，不管这种可能性有多小，它总会发生。

月9日，投资者和储户试图从硅谷银行提取420亿美元，这一行为竟引致10多年来美国最大的银行挤兑现象之一。3月9日当天，硅谷银行股价单日暴跌超过60%，美国银行指数跌幅超过6%。3月10日，根据美国联邦存款保险公司发布的一份声明，美国加利福尼亚州金融保护和创新部（DFPI）当日宣布关闭硅谷银行。

硅谷银行一直被视为美国特色银行的典范，曾在多项评选中被列为美国风险管理最优秀的银行之一。硅谷银行事件又一次警示投资者，即便是从传统视角看各个方面都很优秀的美国大银行，在面临发生大变革的市场环境时，也会暴露出其脆弱的一面。即便我们可能具有对危险即将到来的直觉，也无法预知将发生的黑天鹅事件具体是什么，会在何时发生。即便我们身处事件之中，也无法准确地知道它将何时结束，对经济和金融市场的冲击有多大。总之，可以说我们对即将到来的黑天鹅事件几乎一无所知，也无法阻挡它的发生。

黑天鹅事件带来极值投资机会

当黑天鹅事件突然发生时，无论个人还是系统都会本能地产生"应激反应"。企业间优胜劣汰的竞争明显加快,就像按下快进键,逐渐恶化的商业环境迫使劣势企业退出市场,加快市场出清速度。在这个过程中,企业面临巨大的业绩压力,订单不足、计提坏账等问题都会侵蚀利润。随着市场出清,行业供需结构得到改善,直至再次恢复平衡状态。在黑天鹅事件出现时,政府一般不会放任不管,出于稳定就业等因素的考虑,会"开出"一些对冲的宏观经济调控"药方",包括降息减税在内的"补药",帮助企业渡过经济寒冬。

投资者对黑天鹅事件非常敏感,对黑天鹅事件的恐惧心理驱使其重新配置资产、寻找避险港湾,风险资产价格下跌,催动市场悲观情绪升级,抛售压力继续增加,资产价格和市场情绪之间形成自我强化,资本市场的价格体系极易发生超调。最终,黑天鹅事件引起资产价格或估值达到历史极低水平,就出现了极值投资的机会。

在这个过程中,我们可以把黑天鹅事件带来的"危机"拆分成"危"和"机"两部分,极值投资就是要避开黑天鹅降落引起下跌的"危险",而只选取黑天鹅飞走后留下的"机遇"。黑天鹅降落时会导致混乱和崩溃,在经济预期和市场情绪的"组合拳"下，资产价格和估值都会陷入历史极低的区间，危险因素也得到完全释放。这时便是黑天鹅事件带来的极佳入场时机：不仅躲过了最为危险的市场暴跌，也在安全的价格上建立了头寸，准备迎来不远的上涨。

既然是极端值，一定是罕见的情况，就像百年一遇的灾害那样，未来再次发生的可能性也很小，同时也意味着未来价格从如此之低的水平回复到正常水平的概率是很高的，进而保障极值投资能有较高的胜率。极值投资的胜率优先逻辑在于避免失败，并不是基于"赔率"而"博出位"，而是追求长线高胜率有利投资状态。

每天市场上都有各种各样的信息，有好消息也有坏消息。与一般的投资不同，极值投资更希望看到坏消息，但并不是为了在坏消息导致股价下跌的过程中赚钱，而是希望坏消息可以把股价和估值打到历史极低水平，进而捕捉极值投资机会。所以，我们要关注各个领域的坏消息，不论是宏观方面的，还是中观行业乃至微观企业方面的坏消息，因为这些坏消息都有可能带来极值投资机会。

执掌温莎基金 31 年的约翰·聂夫（John Neff）在他的

书中也说道:"利空消息总是引起我的注意。我的首要任务必定是确定它的经营业务是否在本质上还安然无恙,投资者是否杞人忧天。"

总之,我们无法回避黑天鹅事件,同时要重视黑天鹅事件带来的投资机会。极值投资利用坏消息给资产带来的极值环境,在历史极低的价格水平上进行投资。

金融创新诱发黑天鹅事件

金融创新的历史可以追溯到19世纪中叶的美国和英国。随着工业化的发展,金融机构和市场开始扩展和创新,出现了一系列新的金融工具和交易方式,例如股票、债券、期货、期权等。这些工具和交易方式的推出,为股票市场、债券市场、期货市场等的发展奠定了基础。

20世纪,金融市场进一步发展,全球范围内出现了许多新的金融机构和金融工具,例如银行间市场、资产证券化、金融衍生品等。其中,金融衍生品是20世纪最具代表性的金融创新之一,它是根据标的资产价格设计的金融合约,包括期货、期权、掉期等。

金融创新在把全球市场更紧密地结合在一起，提供更高效、快捷的资产交易的工具和市场的同时，也更加容易造成经济和金融的脆弱性：风险产生来源多元化、风险扩散效率提高，更容易爆发黑天鹅事件。

期货市场的起源可以追溯到17世纪荷兰的阿姆斯特丹。当时，荷兰人发现自己在种植和销售郁金香时，价格波动很大，因此开始发展一种新的交易方式，可以预先约定未来的买入或卖出价格来规避价格风险。这种交易方式最终演变成现代期货市场的雏形。

18世纪末，英国伦敦的一些商人为了规避糖的价格风险，开始组织糖交易所。交易所中的交易采用即期交易和远期交易的方式，以固定的价格进行交易，从而保护投资者的利益。

可以看出，期货市场产生的初衷是防范未来价格波动的风险，期货交易和远期交易都是风险管理的手段。但慢慢地，投资者发现期货交易不仅可以套期保值、对冲价格波动的市场风险，也能够实现以小博大的投机效果，渐渐地期债成为高风险偏好者的投机工具。而庞大的金融资本也可以借助期货市场对商品市场及相关行业施加重大影响。因此，金融资本对世界经济的影响程度越来越大。

金融创新工具非但没有使投资变得更安全，反而使市场的风险增大，投机氛围更浓厚，很多重大的风险事件中都有它们的身影。

在金融创新潮流的推动下，期权、债务抵押证券（Collateralized Debt Obligation，CDO）和信用违约掉期（Credit Default Swap，CDS）等金融创新工具不断被发明出来，在推动全球经济和金融市场日渐繁荣的同时，也给世界带来了巨大的苦恼。2008年次贷危机的爆发离不开债务抵押证券和信用违约掉期这两大创新工具，最终给全球金融系统和经济造成了毁灭性的打击。为了挽救经济，现代货币理论被推到前台，美联储开展了史无前例的量化宽松，的确解决了当时的问题，但这一理论创新是否又在喂养一只更大的黑天鹅？我们似乎总是在"用一个错误来解决另一个错误"的循环中。

期货和期权是很方便的杠杆化投资工具，为了吸引更多的投资者参与市场投机，有些金融市场还给投资者提供迷你期权，把投资门槛降低到标准的1/10甚至1/100。随着金融创新工具的发展，资本市场"追涨杀跌"的风气更盛。巴菲特认为金融衍生品隐藏着重大风险，是系统中一颗潜在的定时炸弹。衍生品是一把双刃剑，既可以用于风险对冲，也可以被风险偏好极高的人用于投机，只看"赔率"而忽视"胜率"的投资是十分危险的。

此外，一款名叫累计期权（Knock Out Discount Accumulator，KODA.，也被称为 Accumulator）的金融产品，2008年在我国香港造成了灾难性的风波。据估计，累计期权带来了近 6000 亿港元的巨额亏损，涉及人数有 5000~6000 人。因为高风险，累计期权在业内获得了"I kill you later"（我早晚灭了你）的绰号。

这些金融创新工具增加了金融市场系统的复杂性。投资者在复杂系统中面临着更多维度的变量，防控黑天鹅事件的风险管控理念在现实中面临着挑战。投资组合在多维变量复杂系统中变得脆弱，资本市场风险事件及其传播路径更为复杂而难以预测，因而黑天鹅事件也更加难以控制。

极值是个区间，不是某个点

极值问题是高等数学里常见的考题，例如给出一个二阶可导的函数，求它的极值是多少。但现实世界与高等数学的抽象世界完全不同，在更加混沌、离散的社会科学领域中，没有人知道明天会发生什么事情，对股价上涨还是下跌也无法精确预测。因此，未来股价会在什么时候出现极值根本无迹可寻，将在哪个点位上出现更是不得而知。准确预测极值出现的时间和点位，完全是超出人的能力范围的事情。

但基于历史数据或经验，我们可以大概定出一个极值区间，股价在这个区间中出现的次数少、持续的时间短，并且进一步下穿这个区间的可能性也不大。以区间定义极值有一定的可操作性，不必过于纠结在哪个具体的价格买入最好，即便这个区间定得未必那么准确。巴菲特曾说过："模糊的正确远胜于精确的错误。"因为从长期看，只要在极值区间中买入，未来价格回归正常后，都可能带来收益，与在最低价格买入不会有太大的差别——完全没有必要在乎买入成本几分钱的差价。

极值区间定在哪个范围，取决于历史上极值出现的位置，以及投资者预设的风险限额。前者大致确定了极值区间的下限，后者基本确定了区间的大小。

股价会持续下跌到极低的水平，是有负面因素在起作用，或者是基本面出现严重恶化，或者是估值在悲观情绪下被大幅压缩。在股价下跌的过程中，股价下跌本身作为负面因素的反应，在高度不确定的恐慌市场环境下，估值往往超出合理的范畴，出现非理性的"踩踏"。另外，外部负面因素作为黑天鹅事件出现的概率不高，其出现并不是基本面的正常状态。从长期来看，即使有黑天鹅事件的冲击，系统仍然会逐渐恢复正常运行的力量，从而向常态回归。如石油价格受到疫情冲击后降为负值，但是人们会找到控制的手段，随着疫情的得到控制，其影响也逐渐弱化直至消失，因此，油价在历史极端负值后快速回升。从受影响的个体内生性因素来看，外部冲击也会改变其行为模式，从而对冲外部负面因素冲击的影响。上市公司股价大幅度下跌必然会对公司的管理层、董事会和股东带来巨大压力，因而在经营管理、战略调整方面都会有所行动，抵消负面因素的冲击。无论公司采取降本增效、开展新业务等开源节流的经营变革，还是展开股票回购、公司高管增持股票等资本运作措施，总会向市场传递积极信号，稳定投资者的恐慌情绪。

另外，当股价等资产价格跌到极低时，投资者基于自身亏损的考虑导致的抛售的压力也会降低，继续杀跌的力量在减弱，股票价格的极值便出现了，并且随着经营好转、投资者信心恢复，股价也将向上脱离极值区间，朝着正常水平回归。

同样，当一国宏观经济出现重大问题时，政府会出台对冲负面影响的政策，财政政策和货币政策都会变得更加积极，包括增加财政支出、降息降准以及实施量化宽松等措施。

历史上的极值可以作为当前判断是否达到极值的参考，因为股票等资产价格的历史极值反映了外部冲击的强度、市场恐慌的程度和系统内生的抗风险能力综合作用的结果。但这个底线并不是一成不变的，外部环境的变化可能使这次产生的真实极值高于或低于历史上的极值。从长期来看，外部冲击虽然造成一定的影响，但是随着系统的自身的修复，冲击造成的影响会逐渐消失；投资者的恐慌情绪也会逐步缓解而归于正常；内生的风险控制措施会发生效力，从而使得资产价格回升。因此，即使短期资产价格突破极值的底线，由于上述三种力量的存在，胜率仍然可以得到保障。

这一点与前面提及的"卢克莱修谬论"并不冲突。将历史上形成的极值设定为当前价格下跌极值的参考，并不代表当价格跌破参考极值点就会给投资带来灭顶之灾。这个价格不是决定投资成败与否的关键因素，它只是极值投资设定的一个极值参考坐标系的原点。

极值投资的前提是反脆弱，脆弱的资产组合在黑天鹅事件面前不堪一击，即使投资者完全了解极值投资的理念和全过程，也没有能力实施。例如，为追求高收益、高"赔率"而增加杠杆，增加杠杆的投资组合在市场波动加大的时候面临被清零的风险，极值投资的前提就被破坏了，结果也变成了低"胜率"、高"赔率"的赌博行为。

极值投资还与每位投资者的经验和风险偏好有关，每位投资者各自都有承受能力的风险限额，在黑天鹅事件发生时的脆弱程度是完全不同的。对于自身风险承受能力弱的投资者，在极值投资时对极值的把控要更加精准。极值投资是基于追求长期胜率所实施的投资策略。这里的长期有两层含义。首先，极值投资是一个过程。在前述对黑天鹅事件的影响具有恢复性的三种力量发挥作用之前，资产价格的走势仍然是不确定的。整体是基于"胜率优先"的战略，追求的是投资成功率,但是在过程中仍有可能因跌破历史极值而造成短期损失,从而会对投资者的风险承受能力形成挑战。其次,黑天鹅事件作为不可预测的孤立事件,极值投资的多次效果要好于单次,长期效果要好于短期。

蛙跳式投资

生活在大海里的鱼,必定要习惯随着海浪而起伏,即便发生海啸,也要经受巨浪的拍打。同样,投资者除了要选对好的投资标的,避免"踩雷",也需要面对系统性风险带来的惊涛骇浪。毕竟身处在资本市场之中,系统性风险作为黑天鹅事件,既无法躲避,也无法分散。

产业层级的黑天鹅事件类似于大海上的海浪,海浪等级高低不同,极值投资要找那些在产业中造成海浪级别高的投资机会。但当宏观经济或政策调整等引起系统性风险时,就如同发生海啸一般,即使再大的海浪也会湮没在十几米的巨浪中。所以,即便在行业层面运用了极值投资,仍要承受系统性风险带来的净值回撤的冲击。

为了减轻系统性风险带来的巨大冲击,并且有能力实施极值投资策略，我们可以借鉴股神巴菲特在资产组合上进行合理的配置规划，实现"蛙跳式投资"（见图3-1）。

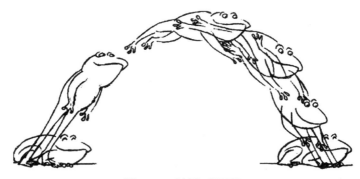

图 3-1 蛙跳式投资

在大部分时间里，股票等权益资产的持仓比例不会太高，更不可能加杠杆或参与金融衍生品，这样可以降低组合与股票市场的相关性。同时，组合中会保留一定的流动性资产，以备系统性风险暴发后随时有能力加仓被严重低估的资产。就像在美国次贷危机时，当其他投资者还在被流动性困扰时，巴菲特反而可以出手50亿美元购买高盛集团的优先股。

因此，在系统性风险暴发前，组合净值表现得比较平庸，可能无法跑赢其他竞争者。但当系统性风险暴发后，净值却能表现得更加稳健，跌幅会低于指数和其他竞争者，而由于备有流动性储备，成为有能力抄底的少数人，可以在市场进入极值区间时加仓被严重低估的股票。而系统性危机过去后，当宏观经济和资本市场重新恢复正常状态时，净值将呈现出跳跃状态，一举超越其他竞争者。从长期看，净值在正常情况下的变化比较温和，但当系统性风险为净值提供了跳跃式前进的机会时，经过一次次累积，便可以实现超越平凡的卓越。

巴菲特在股票选择上有其独到之处，一直被拥趸所推崇，但他在资产配置、仓位管理上也获得了令人瞩目的投资业绩。长期以来，巴菲特总持有大量的现金头寸。虽然巴菲特的股票持仓比例有高有低，但在大多数情况下，股票配置比例在60%附近——他对无法预期的潜在风险总是持警惕的态度，不愿意把所有头寸都押进去。2021年巴菲特在股东会上说："备有足够现金，不把命运交到别人手里。"回头看，在美国长期上涨的股市环境中，巴菲特这种低仓位的风控管理措施多少吃了点亏，毕竟那些高杠杆的激进策略在多数时间有更加辉煌的业绩表现。

根据2022年致股东的信披露的巴菲特自收购伯克希尔-哈撒韦公司以来的业绩数据来看，1965—2022年的58年中，有17次伯克希尔-哈撒韦的收益率低于标普500全收益指数，其中低于标普500全收益指数超过10个百分点的有12次，10次发生在市场上涨时，有7次标普500全收益指数涨幅超过20%。所以，巴菲特在牛市中出现大幅度低于市场的业绩表现，是他采取的投资策略所必须面对的。但这并没有改变巴菲特成为"股神"的现实，在长期他仍能实现超越市场的投资业绩。

在1965—2022年的58年里，伯克希尔-哈撒韦的复合年化收益率为19.8%，而同期标普500全收益指数的复合年化收益率只有9.9%，巴菲特的长期投资能力显著跑赢市场。如果将这58年汇总起来，伯克希尔-哈撒韦累积收益率高达37875倍，而标普500全收益指数的累积收益率只有247倍，这更加显示出复利的冲击力。二者的全收益倍数如图3-2所示。

巴菲特除了在选股层面获得了阿尔法收益[一]，他在一

[一] 阿尔法收益，经济术语，指个股收益与大盘指数收益的差值。

些市场关键阶段的抄底投资，也为投资业绩做出了较明显的贡献。例如，在 2000 年美国科技网络股泡沫破裂（Dot-com Bubble Burst）时，巴菲特的仓位控制策略与对互联网缺乏了解使他免受股市系统性下跌的冲击。在这次泡沫破裂前，美国科技股的估值已经到了非常夸张的程度，其中当时美国在线的市盈率有 140 倍，eBay 的市盈率超过了 200 倍，雅虎的市盈率更是高达 373 倍。几乎一切与互联网沾边的公司都深受资本市场的青睐。当时华尔街的主流分析师都认为，以互联网为代表的新经济必将取代旧经济。与当时分析师的共识相反，在当时明星科技股的股价每隔几个月翻一番的时候，巴菲特坚决不买科技股，持有的仍是可口可乐、美国运通等价值股，他也因此被嘲笑已经跟不上 21 世纪的互联网时代了。此外，伯克希尔－哈撒韦的股票仓位从 1997 年年底的 76% 下降到 1999 年年底的 37%。1999 年，在标普 500 全收益指数上涨 21% 的时候，巴菲特的伯克希尔－哈撒韦的亏损幅度竟然高达 19.9%，超额收益达到 –40.9%。这也是伯克希尔－哈撒韦历史上年度相对收益最差的一年（见图 3-3 标示处）。

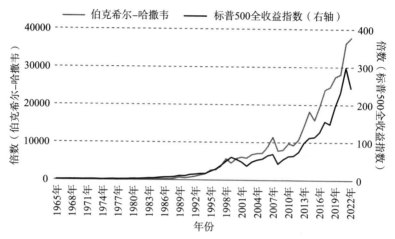

图 3-2 伯克希尔-哈撒韦与标普 500 全收益指数的累积收益(倍)

资料来源：2022 年，巴菲特致股东的信。

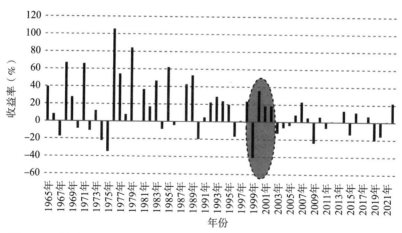

图 3-3 伯克希尔-哈撒韦与标普 500 全收益指数的超额收益率

资料来源：2022 年，巴菲特致股东的信。

但 2000 年，由于美联储加息等多种原因，互联网泡沫终于被刺破，股价的急转直下并不是短暂的调整，而是一场持续时间长达 3 年的大熊市。2000—2002 年，标普 500 全收益指数累积下跌了 38%，而伯克希尔-哈撒韦却增长了 30%。3 年时间里，巴菲特跑赢了市场 68 个百分点。从伯克希尔-哈撒韦的股票仓位来看，2000 年回落到 37% 后，在 2001 年的市场下跌中，伯克希尔-哈撒韦相应增加了股票仓位，股票仓位接近半仓。在这种市场环境下，也只有像巴菲特这种持有足够流动性头寸的投资者才能在市场下跌中有能力加仓，才能够获得在未来几年里持续超越市场的投资收益。巴菲特的资产配置比例如图 3-4 所示。

2007 年美国次贷危机期间，伯克希尔-哈撒韦的股票仓位在 50% 左右，同样在危机爆发后，巴菲特有能力加仓跌下来的股票。就在这时，巴菲特出手认购了高盛发行的可转换优先股，每年固定红利是 10%，同时获得了认股权证，即有权利在 5 年内以每股 115 美元的价格认购 50 亿美元额度之内的高盛普通股票。没过多久，巴菲特又以同样的方式收购了通用电气的 50 亿美元可转换优先股。似乎只有在危机时，巴菲特才能够以这么优惠的条件拿到好资产，也只有像他这样有现金的投资者才有能力这么做。2011年3月19日，高盛集团宣布将向伯克希尔－哈撒韦公司支付56.5亿美元，购回50亿美元的优先股，同时高盛也一次性支付16.4亿美元的优先股股息，而伯克希尔－哈撒韦仍持有高盛的认股权，当时账面获利约19亿美元。这笔高盛的可转换优先股投资在两年半的时间里总共给巴菲特贡献了约37亿美元的利润，收益率达到74%。

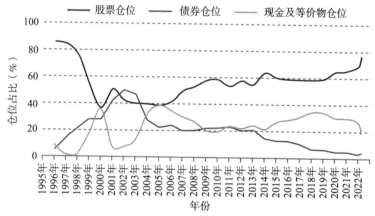

图3-4　1995年以来伯克希尔－哈撒韦的股票、债券、现金及等价物占比

资料来源：方正证券研究所，《巴菲特的收益回顾与持仓分析》。

注：部分年份财务报表列示项目有变化，这里统一将权益投资、其他投资计入股票仓位。例如，2008年由于增加投资（BNSF）或股份回购（Moody's）导致持股比例大于20%后，列示项目从股票（Equity Securities）转为权益投资（Equity Method Investments）。

极值投资要等待极值机会出现，但同样要预防不可预测的系统性风险带来全市场的暴跌。所以，极值投资需要控制好投资仓位，保持足够的现金及现金等价物，确保有能力在市场出其不意的下跌后实施抄底，这样才能够获得超越市场的收益，实现蛙跳式投资。

与美国市场相比，国内高波动的股票市场更适合进行蛙跳式投资。上证指数与标普500指数走势如图3-5所示。美国股市总体呈震荡上行的走势特征，2011年以来标普500指数上涨了250%。国内股市以震荡市为主，当前与10年前一样，仍在艰难地进行3000点保卫战，留下一定比例的现金头寸对预防下跌、适时抄底都更具有可操作性。

三年不开张，开张吃三年

《增广贤文》中有这么一句话："运去金成铁，时来铁似金"。这是说人生时运的道理，在资产价格走势上也同样适用。当价格进入下降期后，强周期资产的价格会跌得令人都不想多看一眼；而当价格处于极低水平时，以极值投资的方式抄底，终将等到否极泰来。在下一轮周期启动后，资产价格会进入一波澎湃的上涨期,并且涨幅有可能令人吃惊——甚至可能翻上几番。

图 3-5 上证指数与标普 500 指数走势

资料来源:Wind 资讯。

2008年次贷危机爆发后,我国推出了4万亿元资金的财政政策,也推出了包括钢铁、汽车、船舶、石化、纺织、轻工、有色金属、装备制造业、电子信息和物流业在内的十大产业振兴计划。如此强有力的财政支持政策,对冲了次贷危机对国内经济的负面影响,但也带来了后续产能过剩、产品价格走低、企业利润下降的后果。

2015年10月28日澎湃新闻有篇报道,标题是《中国钢铁跌破"白菜价",前三季钢企主营业务亏损超500亿》,文中提到"当前中国重点统计钢企的钢材销售结算价格不足1.6元/斤,早已跌破'白菜价'",直白的文字展现了当时钢铁行业的惨淡境况。2015年11月,上海热轧板卷价格最低只有2000元/吨(见图3-6),相当于只有1元/斤;而据国家统计局数据显示,2015年11月20日50个城市大白菜的平均价格是1.19元/斤。时任中国钢铁工业协会常务副会长朱继民在2015年10月28日召开的"2015年中钢协第四次信息发布会"上称,当年前三季度国内大中型钢铁企业实现销售收入2.24万亿元,同比下降19.26%,实现利润总额为亏损281.22亿元,而主营业务亏损高达552.71亿元。此后国内开展了一轮轰轰烈烈的供给侧改革,把过剩产能一点点消灭掉。

随着供需关系朝着有利于钢铁企业方向变化,钢铁价格逐步抬升,到2018年,热轧板卷的价格突破4000元/吨,两年的时间翻了一番。2020年受疫情的冲击,供需关系向有利于供给端发展,钢铁价格快速上行,上海热轧板卷的价格甚至接近7000元/吨的水平,达到2000年以来的历史高位。从 2015 年 11 月算起,在不到 6 年的时间里,钢铁价格上涨了近 250%,正应了"时来铁似金"这句话。如果在 2015 年年底买入钢铁,持有 5 年半后卖出,复合年化收益率将高达 25.58%,能达到巴菲特的长期收益率水平。

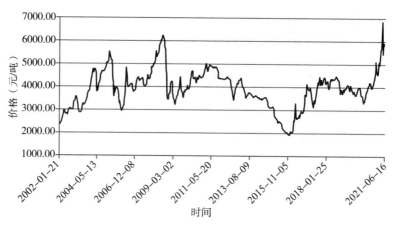

图 3-6　上海热轧板卷价格走势

资料来源:Wind 资讯。

极值投资需要有足够的耐心,要有三年不出手、等待极值出现的忍耐力。此外,还要做好买入后可能几年不涨的准备。时间成本是一块打磨人心的磨刀石,极值投资需要做好"三年不开张,开张吃三年"的准备,就像一只青蛙,要么一动不动,要么突然一下跳得很远。

此时，你可能有所顾虑：即便出现了历史极值，万一投资的公司破产了怎么办呢？有这种担忧是非常必要的，选择极值投资的投资标的也是确保极值投资能够成功的重要支柱。

第4章 极值投资要点

大海里面机会多

极值投资是以发生黑天鹅事件为前提的,寻找受其影响而被过度低估的资产。黑天鹅事件作为极端事件,发生概率本就很小,这就决定了出现极值投资机会的概率也不会大。这对极值投资来说既是好事,也不是好事:说是好事,是因为极值状态是不稳定的,此时投资的胜率很高;说不是好事,是因为出现次数少,投资的机会也就很少。

最近20年,国内A股年度出现下跌超过40%的年份,只有2008年和2015年。其原因既有海外金融风险外溢,也有国内金融监管政策调整。但出现指数级别的极值投资机会,也只有2007年年底的逃顶和2008年年底的抄底。

所以，不能只盯着国内股指出现极值，否则投资机会将非常少，可能得等5年甚至10年才能出一次手，而大部分时间只是将资金放在银行账户里。当然，也不能出现一次极值就把资金全部投进去，还需要寻找更多的极值投资机会去分散风险。在偏宏观的投资机会上，我们要把上证指数和沪深300指数当作一种标的进行投资，因为它们之间的相关性很强，风险收益同源，最终的投资结果也不会有太大的差异。

为了提高极值投资的资金使用效率、分散风险，我们要把视野放宽，在多领域里寻找极值投资机会。就像捕鱼，小池塘里的鱼虽然有限，一网下去可能也可以捕到不少，但如果到大海里捕鱼，这边捕了一网，那边还有一群鱼，下网的机会很多，效率大幅提升，同时也分散了风险。

极值投资所关注的领域既要包括宏观经济与综合指数，也要密切跟踪行业层面的信息与行业指数。此外，我们还要把视野从国内投资领域的小圈子，转向全球资产市场。而极值投资作为一种投资方法，其投资标的并不局限于股票和股票指数，还可以关注债券、可转换债券等其他类别的资产。

如果关注的信息仅限于货币政策和财政政策、经济增长和通货膨胀等宏观指标，那么可以投资的标的只有与宏观经济最为密切的股票指数，投资范围被限制在很小的圈子里。当把关注信息的范围扩展到行业层面，便把行业层面的黑天鹅事件纳入了观察范围，眼前从一棵树变成一片树林，行业指数和头部企业都可以成为备选标的。

行业方面的信息类别也有很多种：有供需关系进入失衡状态的，例如集装箱运输、煤炭行业的供需变化；也有产业政策引致行业发展势头急转直下的，例如产能严重过剩行业的去产能政策、房地产行业的紧缩政策；还有如食品安全和安全生产的行业黑天鹅事件。

中观行业的变化相较宏观以及其他行业有一定的独立性，比如食品安全事件、生产安全事件、猪周期等，它只对个别行业有影响，对其他行业及宏观经济的溢出效应小，极值投资机会也随之增加，可以提高极值投资的资金使用效率，多点开花也有利于分散风险。

此外，极值投资的关注范围要超出国界的限制，将视野投向更为广阔的境外市场。虽然全球资产价格和金融市场变动都有关联性，但各国经济政策和经济状况的差异仍会使各自资产价格变化的周期有一定的独立性。例如，东南亚金融危机导致东南亚各地资产全线下跌、疫情后国外油气企业股价暴跌等。目前对于国内投资者来说，可以通过QDII（合格境内机构投资者）基金、港股通或跨境收益互换参与境外资产的投资，但需要控制操作中的合规风险。

在极值投资运用的领域和投资工具上，也有进一步拓展的空间，除了股票之外，关注标的还可以拓展到债券、可转换债券、基金，甚至REITs（不动产投资信托基金）。但要注意以下几点。

（1）利率债对货币政策非常敏感，信用债也会因行业政策的变化产生行业利差的偏离，在宏观和行业层面都可以提供寻找极值投资的机会。

（2）可转换债券是一种极好的极值投资工具，在信用风险可控的前提下，在极低价格区域投资可转债有助于进一步管控好价格的下行风险。

（3）投资股票公募基金、ETF等标的，可以将投资组合快速布局，抓住行业大机会。同时，这些标的也可以帮助投资者实现海外市场布局，抓住极值投资的机会。

（4）全球的REITs资产可以帮助投资者参与地产类资产的投资，是对标准化资产投资的补充。

选择坚韧的资产

当资产价格或估值处于历史极值水平时，会有一种力量将其拉向正常水平。但这里有一个最为关键的问题需要解决：如何确保所选择的投资标的有能力承受黑天鹅事件造成的冲击，不会因此而夭折？找到一个有能力跨越周期的企业，对于极值投资来说是非常关键的一环。因为我们要面对一个现实问题：现实世界中企业的存活率总体并不高。仅根据2019年国家统计局公布的数据，企业的3年存活率为69.2%，5年存活率为51.9%，10年存活率只有30.7%。也就是说，只有一半左右的企业能够撑过5年，而能撑过10年的企业不到1/3。在其他发达经济体中也有类似的趋势。

如果待选标的在黑天鹅事件的冲击下无法坚持，反而在市场震荡中成为"炮灰"，那么这种投资就不是真正的极值投资，而是一种"困境反转投资"。虽然股价很低、估值很低，但是所投资的上市公司熬不过最艰难的阶段，那就没有必要期待股价能够恢复至正常水平了。换句话说，极值投资所选择的投资标的要有很强的韧性，不能是脆弱的。所以，极值投资的实施是要选好资产、好价格。极低的价格和估值提供了好价格的保障，但更要认识到什么样的资产对于极值投资来说算是真正的好资产！

如同你要去蹦极，想必你一定会选择安全性好的弹力绳——不至于在跳下去的时候，因弹力绳断裂而坠落。只有坚韧的弹力绳才能把你从底部拽回来！

综合指数基金

基于宏观层面数据的极值投资，股票综合指数是很好的投资方向。股票综合指数不会像单个公司那样存在不确定性的破产风险。股票综合指数的成分股会定期调整，动态地将好公司收编进来，将不好的公司剔除出去。投资股票综合指数可以有两种方式：一种是投资跟踪股票综合指数的基金产品（简称综合指数基金），另一种是投资股票综合指数的金融衍生品。

综合指数基金是很好的投资品种，基金公司所选的跟踪指数大都是主流指数，但需要注意综合指数基金的规模情况，不排除存在因基金规模太小而被清盘的操作层面风险。所以在选择指数基金时，为了避免清盘带来不必要的麻烦，尽量选择市场中规模较大、成交活跃的综合指数基金。

利用股指期货等金融衍生工具进行综合指数的极值投资风险相对较大：一方面是带有太高的杠杆，对短期下行风险的抵抗能力太弱；另一方面是期货的金融属性太强、博弈过于激烈，价格波动难以控制。此外，金融衍生品的交易准入门槛高、交易门槛高、费用高。在申请股指期货开户时，需要申请日前连续5个交易日结算后期货账户可用资金不低于50万元；在交易时，股指期货每手都需要10万元以上的资金。

行业指数基金或行业龙头

关注重点从宏观向中观切换时，需要在行业选择上格外注意，尤其要看行业发展变化的性质和特点，一定要避开存在破坏性创新的行业。如果行业发展以结构性变化为主，频繁的跳跃式发展使行业始终处在一种不稳定的竞争格局中，难免会加大行业出清力度，不排除头部企业也被淘汰出局的可能性。

这类行业大多是由科技驱动的，在摩尔定律指挥棒的挥动下，行业充满着破坏性创新的机会，新技术和工艺的发展促使产品快速升级迭代，企业需要不断投入大量资金进行研发及对生产线展开技术改造。技术进步使行业竞争格局不断嬗变，有些企业高速成长，而有些企业却处于被淘汰的边缘。破坏性创新的黑天鹅事件对行业发展会起到促进作用，但行业内的竞争格局也会因此改变。虽然行业中的龙头企业有充足的研发资金和人才队伍，但没人能保证它能在下一轮竞争中仍能幸存。

例如，柯达公司于2012年1月19日申请破产保护，但重组后传统的胶片业务最终被舍弃；在网络技术高速发展的背景下，DVD播放器在人们的生活中消失了；以诺基亚为代表的功能机被智能手机全面取代。诺基亚前CEO约玛·奥利拉（Jorma Ollila）曾无奈地说："我们并没有做错什么，但不知为什么，我们输了。"

破坏性强的技术创新可以摧毁整个行业。行业中的企业必须在科技进步的鞭策下极力狂奔，一旦选错方向、速度放缓，便极有可能被市场淘汰。它们就像在万丈悬崖边狂奔，既怕被别人落下，也怕一步踏空。虽然科技进步是人类社会前进的强大驱动力，但也造成这些科技驱动的企业无法逃避的脆弱性。

与科技企业相比，极值投资更喜欢技术发展缓慢、竞争格局稳定的行业，行业发展更多是由供需变化导致的周期性波动推动的。虽然这些行业的产品也会升级，但不会对行业整体格局造成根本性冲击。例如，奶制品经历了从常温奶到低温奶、从普通奶到酸奶的产品升级，但整个行业仍然相对稳定。因为市场容量足够大，低温奶吸引追求生活品质的消费者，常温奶也有庞大的消费群体基本盘。

从实践上看，极值投资更倾向于周期类行业和基础消费品行业。这些行业需求稳定，与高科技的相关性较低，行业进步比较缓慢，呈现渐进的演变过程。例如，人们不可能不喝奶、不吃肉，因而即便出现食品安全事件，等过了风险敏感期，消费者仍会恢复原有的消费习惯。化石能源可能终将被绿色清洁能源所替代，但这是一个长期的过程，煤炭和石油能源在未来一二十年里仍将存在。即便在未来某一天它们被清洁能源所取代，不再被当作能源使用，也依然可以在工业中充当化工原料。

从行业层面的极值投资实践看,行业指数基金优于个股,这主要是从风险控制角度考虑的。

新冠疫情期间,全球各国的经济增速急速下滑,由于人员流动受到严格控制,全球航空运输业都面临严冬,股票价格回落,估值受到极大的打压。这时,如果投资某一个航空公司的股票,不得不面临其破产的潜在风险。在美国上市的哥伦比亚航空(AVH),就是一个申请破产的案例。其股价的走势图如图4-1所示。

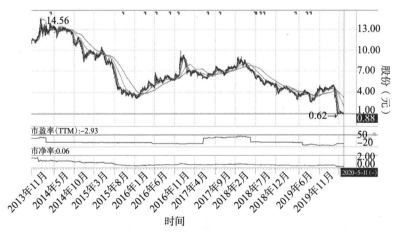

图 4-1 哥伦比亚航空股价与估值走势

资料来源:Wind 资讯。

2020年全球暴发新冠疫情后,有百年历史的哥伦比亚航空遭遇连续打击,包括收入锐减、流动资金难以维系运营、大量商业航班取消、申请政府救助未果以及未能如期偿付债券等。哥伦比亚航空在2020年2月20日时股价还在5美元左右,但在一个月后,3月18日的股价就已经跌破1美元。从哥伦比亚航空的股价走势来看,1美元以内的价格已经是历史上最低的价格了,如果它能够熬过新冠疫情,股价还能再次回到5美元以上,如果有人在1美元时抄底,将会获得4倍的投资收益。但不幸的事还是发生了,5月10日,哥伦比亚航空在纽约依据《美国破产法》第11章申请破产,并于5月12日被取消上市资格。

我们再看一下道琼斯美国航空指数的情况。很明显,在2020年3月那段时间,道琼斯美国航空指数达到历史的极低水平,但随后有所回升(见图4-2),一直持续到2021年第2季度,这时指数已经很接近疫情前的水平。如果投资跟踪航空指数的基金,就能躲开因哥伦比亚航空破产而造成的投资损失,并且可以获得非常不错的投资收益,毕竟道琼斯美国航空指数在一年左右的时间里上涨了近150%。

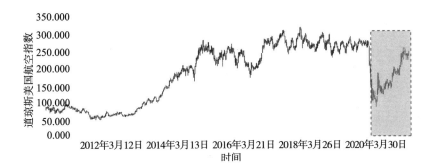

图 4-2　道琼斯美国航空指数走势

资料来源：https://www.futunn.com/stock/.DJUSAR-US。

如果没有跟踪相关行业的指数基金，可以退而求其次，在行业个股中挑选投资标的。例如，在新冠疫情之前，集装箱运价长期处于低位，集装箱航运企业长期承受着巨大的经营压力，股票价格和估值也达到极低水平，出现了极值投资的机会。但国内集装箱航运上市公司极少，也没有很好的与之相对应的行业跟踪指数，从行业指数层面看，缺乏有效的集装箱航运的投资标的。某海运集团是国内最大的集装箱航运上市公司，据前瞻产业研究院统计，2023 年 2 月，该集团的集装箱运力占前 8 名企业总量的比重超过 80%，并且与第二名的差距极大，可以代表国内集装箱航运行业。

2020 年 5 月，该集团的 A 股股价跌到了 3.14 元，与 2007

年68元的股价最高点相比,已经下跌超过95%,同时市净率也只有1.07倍,是2007年上市以来从未有过的低估值,已经足够便宜了,已经进入到极值投资理想的投资区间了。

集装箱航运是一个成熟的行业,一直是国际货物运输的主要方式,不用担心这个行业会因技术革新而变得陌生,也不必过于担心因为陆运或空运在短期内有极大的技术进步,而导致集装箱运输在货运领域的市场份额过快地下降。实际上,可能情况恰恰相反,伴随集装箱船大型化的趋势,货运的单位成本优势仍有下降空间。此外,集装箱航运行业还具有战略意义。在应对以美国为首的西方国家的贸易打压及军事胁迫上,集装箱航运有着极为重要的战略地位。

此外,该集团是国有控股上市公司,国有控股股东有动力也有能力帮助其度过最困难的时刻,破产倒闭风险较低。

所以,如果将投资标的下沉到个股层面,尽量选择行业龙头、国有背景的上市公司,前者体现了市场重要性,后者则体现了股东优势,国有股东特别是央企股东具有强大的支持实力。因为当出现极低的价格或估值时,必定是市场环境及预期最差的时候,国有股东与央企股东的投资背景可以在很大程度上降低被投企业的破产风险。这也是运用极值投资控制极端风险的一种手段。

与集装箱航运行业类似的还有航空运输行业，但航空运输行业的上市公司很多，国有控股和民营的航空公司都很多。在过去10多年里，我们看到国内航空运输行业的运营都较艰难。在2021年，就出现了航空公司的破产重整。而国内一些航空公司在过去三年每年都有巨大的业绩亏损，但由于其行业的重要性及国有股东的支持，这些航空公司仍保持正常运营，破产风险较低。

由于新冠疫情影响，全球航空业遭遇了史无前例的打击，大跌之后的航空股也吸引了巴菲特的注意，他在2020年2月27日增持达美航空近100万股。但没过多久，达美航空股价遭腰斩，4月4日巴菲特"割肉"离场。从买入到减持，巴菲特仅持有33天，但亏损幅度达到48%。与国内三大航空公司不同，美国航空公司都是私有企业，企业破产风险比较大，因而在美国抄底航空公司的成功概率是要大打折扣的。

在国内一些消费品行业中，很多龙头企业都是民营企业，在极值投资选择投资标的时需要谨慎，除了股东支持能力有限外，还有对其公司治理及财务状况的担忧。当行业危机来临之时，行业泡沫破灭，相对国有企业，民营企业的风险更大。

极值投资并不奢求所投的资产在遭遇黑天鹅事件时能够获利，只希望能像乒乓球那样具有韧性，触底后能再反弹，而不会像鸡蛋那样，在接触地面时就四分五裂（见图4-3）。

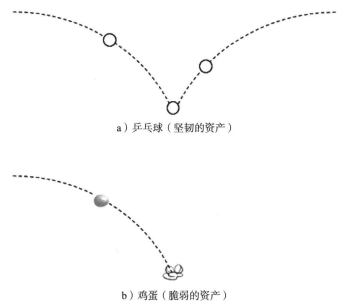

a）乒乓球（坚韧的资产）

b）鸡蛋（脆弱的资产）

图 4-3 坚韧的资产与脆弱的资产

远离高杠杆和临近到期日的资产

在第 1 章中,我们曾经介绍过"原油宝事件",那里将重点放在原油负价格(简称负油价)出现的黑天鹅事件上,强调现实中难以避免的肥尾风险。这里,我们将从期货的高杠杆和期限性来展示极值投资要规避的风险。

受新冠疫情的冲击,国际原油价格从 2020 年 3 月开始大幅回落,直到 4 月 20 日,WTI 原油期货价格已经跌到 20 美元/桶附近。这个价格已经是 2010 年以来的最低水平,是原油期货价格在此前 10 年里的地板价。2020 年 4 月初,芝加哥商品交易所(CME)允许负油价的申报和成交,并从 4 月 5 日开始生效。在这个公告发布后,在芝加哥商品交易所期货市场就增加了这样一种可能性:期货合约可能以负价格成交、以负价格结算。

当潘多拉魔盒被打开后,没多久灾难就发生了。4 月 21 日是 WTI 原油 5 月份合约的最后交易日,交易商需要在这个日期前将手头持仓的多头合约卖出平仓,并且是不计成本地卖出,因为如果不这样做,意味着将收到原油现货,届时将会耗费巨大的成本来接货,运输、仓储也都是非常麻烦的事。

2023年2月，国内曾经爆出一条新闻，一位知名期货投资者，在苹果期货价格跌到8000元/吨时，考虑到已经跌到种植成本以下了，便与朋友一同抄底，没想到后来平仓都没平掉，最后被迫总共交割了1500吨苹果，开始在网上以60元/箱的价格叫卖，但效果并不理想。在现实中，在家门口交割苹果都那么难卖出，更何况需要在海外交割的原油呢？

北京时间4月20日，纽约商品交易所5月交货的轻质原油期货短时间跌出负价格，收于-37.63美元/桶，创下了前所未有的历史纪录。

极端低值只是一个相对的概念，价格仍有可能继续创下新低，如果没带杠杆，投资标的没有到期期限，投资组合并不会遭受毁灭性打击。但如果是高杠杆，又是即将到期交割的衍生品合约，则注定是跌宕起伏的投资，运气好了便一飞冲天，运气不好就倾家荡产。

在负油价的那几天里，即使以10美元的价格买入WTI原油5月合约，由于期货投资自带杠杆运作，不用等到价格跌成负值，如果没有能力追加保证金，就会被动平仓，本金将全部损失，根本没有能力熬过 4 月 20 日那一天。

长期资本管理公司的陨落和原油负价格这两个案例都告诉我们，在极值水平下，投资者用自有资金抄底风险损失是有限的，但如果加了很高的杠杆抄底，就可能会遭受灭顶之灾。没有人有能力判断某一价格的绝对低位，相信每个投资者都有过"没有最低，只有更低"的投资经历。如果把自己的身家全部押在对股价绝对底部的判断上，并且加了高杠杆冲进资本市场，"低胜率高赔率"的赌博就偏离了胜率优先的极值投资策略。

原油负价格事件的教训还在于，在投资带有明确到期日的资产时需要格外警惕。尤其在临近到期日时，即使资产价格达到最低水平，也不可冒险抄底，因为市场有可能根本不给你任何翻本的机会。股票是一种没有到期日的有价证券，只要它不退市，即便没抄到价格最底部，只要在极值区间内建仓，终究未来有可能等到股价再次回到成本线的那一天。但如果买入的是有明确期限的期货合约，随着到期日临近，期货合约的时间价值会逐渐衰减。虽然可以通过展期换仓，但需要承担额外的成本。例如，WTI 原油 5 月合约价格最

终收于 –37 美元 / 桶，而当时 WTI 原油 6 月合约的价格还在 21 美元 / 桶，有谁会在这种价差水平下移仓？移仓换月将会直接产生巨额亏损。

从风险控制的角度出发，极值投资要远离高杠杆和临近到期日的资产，毕竟极值投资追求的是投资的性价比，胜率优先考量的是投资的成功概率，能睡得着觉更重要。《安全边际》的作者卡拉曼 2007 年曾经在 MIT 斯隆管理学院做过演讲，主题便是"晚上睡得香比什么都重要"。

金融资本提高了资本市场博弈烈度和系统复杂性

由于金融资本深度介入期货市场，商品期货的金融属性极为突出。尤其在期货合约临近到期日之时，由于大量合约已经被转移到下一活跃合约，即将到期的期货合约的活跃度降低，很容易被金融资本以很少的资金量所掌控，期货合约价格变得不合理，可能会远远偏离其真实价值，甚至从不合理的价格走向更加不合理。这时拼的是多空双方的资金实力，完全基于两大阵营的"火力"和"弹药储备"，看谁能够不断追加保证金，并将价格朝着有利于自己的一方推进。

此时的期货市场变成了金融资本的狩猎场，它们知道有谁还留在这个林子里，于是伙同几个资本猎手，对其进行围猎。

对于以博弈驱动的市场，不能以传统的理性投资去衡量价值，尤其在少量资金就可以主导定价权的市场环境下，意想不到的情况随时都有可能发生。此时若以理性投资的名义参与其中，再以高杠杆去捍卫信仰，无异于火中取栗、刀口舔血，到最后可能会输得一塌糊涂。

商品市场具有高流动性、高波动性的特点，其金融属性已经成为投资中不可忽视的重要资产。商品期货的高杠杆、设置到期日的特征并不完全符合极值投资的理念。但商品市场受到宏观经济、大宗商品供求，以及货币政策、地缘政治等诸多复杂重大因素的影响，其资产具有高波动、黑天鹅事件频发的特点，又是极值投资理想的市场。石油、天然气等大宗商品在黑天鹅事件中往往会出现历史极值，但是商品市场提供的品种往往是高投机型，高赔率、低胜率组合。投资者需要重新设计创新的资产组合，运用极值投资策略，在商品市场中形成胜率优先的投资理念。

《增广贤文》中有云："富贵险中求，也在险中丢。求时十之一，丢时十之九。"

极值投资：立于不败之地而后求胜

有些人生性活跃，非常喜欢交易，看K线走势成为指导其投资的核心驱动力，希望能赚到每个波动价差，并渴望尽快摘掉国内股市T+1[⊖]的"紧箍咒"，迎接T+0的交易春天；也有些人对新生事物非常感兴趣，只要出现新技术、新概念，都会为之振奋，追逐市场热点，捕捉投资机会，从20年前的纳米材料到前几年出现的元宇宙，以及当下的ChatGPT都是如此；还有些人生性沉稳，将研究重点放在宏观经济和企业的基本面上，寻找好的公司，但又能沉得住气，等不到好的价格就不出手，追求更好的投资性价比。

投资界犹如武林江湖，各家门派的招式和心法各不相同，如丐帮的降龙十八掌讲究至刚至阳，而玄冥二老的玄冥神掌可谓至柔至阴，但它们都在武林中占有一席之地。各大掌门在收徒之时都要找有缘之人，即找到合适的人去传承武功心法，既要有"骨骼清奇"的身体素质，还要有与内功心

⊖ 即T+1交易制度，指当日买入的股票必须第二天才能卖出。

法相匹配的性格。

你一定无法想象，看到萧峰使出玄冥神掌是一种什么感觉；而时迁在阵前舞动鲁智深的禅杖时，你会不会有种违和感？投资江湖中也有各种流派，巴菲特稳定地守在价值投资的阵地上，文艺复兴基金的西蒙斯也长期走在量化投资的前沿。他们遵守的投资理论、信奉的"教义"完全不同，对人的性格特征和技能要求也不尽相同，巴菲特时隔很久才会做一次投资，而西蒙斯几乎每天都离不开交易。

极值投资需要有更好的耐性，不仅要在建仓前有定力等到价格跌出极值投资机会，还要在建仓后有耐心等到价格回到正常水平以上。等待绝好的时机是极值投资成功的前提条件，而不应在价格还没有跌到极值区间时，就迫不及待地出手抄底，生怕错过抄底的机会，担心还没建仓价格就涨回去。我们需要时刻与本性中的贪婪相抗衡。同样，建仓后也可能需要忍耐很长的时间，等待价格回到正常水平，而不是在价格只涨了10%时就急着兑现收益，或者在建仓后价格继续下跌时，需要能够承受被套牢的煎熬，坚持对抗内心的恐惧。

在现实投资中，等待是一件很煎熬的事，能够做到处变不惊、坐看风起云涌实属不易，毕竟人的本性是趋利避害的。当市场持续下跌时，如果有持仓，本能的反应是考虑要不要从"着火的车"上跳下；如果没有持仓，本能的反应是考虑要不要去接"带血的筹码"。很明显，人的心态往往取决于自己所处的位置。要做到忍耐，对抗人性中的贪婪和恐惧，需要有能力和信念的支撑。

极值投资的前提是所抄底的资产能经受住黑天鹅事件的冲击，万一公司破产了，就等不到股价回升到正常水平的那一天了。所以在选择极值投资标的时需要有较强的洞察力，这来自长期投资研究的经验积累，以及实际操作的投资经历。只要选对抄底的投资标的，不会发生破产风险，那么剩下的只要交给时间，时间就是投资人的朋友。

在做任何决策之前，你总要坚信某种理念。农民在播种时，会相信春种秋收的自然规律，因为农民相信种子会发芽、开花、结果。同样，极值投资在底部建仓时，我们也会相信选择的极值投资的选股标准是完全正确的，按照这个标准选出来的股票是可以跨越周期的好标的，一定能够度过最艰难的时刻；深信抄底时的股价和估值都是有充足安全保障的，即便下跌也只是悲观情绪导致的短期冲击，未来基本面好转与刺激政策的支持会促使股票价格回归正常。

极值投资是一种投资哲学。"极值"二字将风险控制放在了首位。在价格或估值跌到极值区间时，风险几乎完全释放，此时进场抄底，既可以降低亏损概率和亏损幅度，也可以缩短套牢的持续时间。从收益特征来看，极值投资是一种胜率优先的"抄底"，毕竟买入时成本越低，股价上涨的概率越大。

"识不足则多虑"，只有坚信极值投资的人，才能在实践中结出极值投资的硕果。

套用电影《少林寺》中的句式：

不恐惧，不贪婪，汝今能持否？
有信念，有耐心，汝今能持否？

第二部分
极值投资复盘

第5章 供给缺口驱动极值投资

供给缺口的弥补

19世纪,经济学家注意到经济增长和衰退交替发生,并开始对经济波动的原因展开研究。20世纪初期,经济学家开始探讨经济波动的周期性和规律性,奥地利经济学派提出了经济周期理论。经济周期是客观存在的,但难以预测。对经济周期规律的研究可以让我们理解经济运行的内在规律,其中产能的增减规律是导致经济周期波动的重要原因之一。

在经济理论研究中,都离不开理性人的假设。无论个人还是企业,其行为都是利己的。在完全竞争的市场环境中,供不应求时,在追求更高利润的驱使下,企业会扩大产能、增加产量。从个体的角度来看,这是理性的决策,但行业内的所有企业都如此，都不愿意在产能上被其他竞争对手抛在后面，那么必将导致行业整体产能的严重过剩。于是，市场出现供过于求、价格下跌，企业经营业绩回落甚至出现亏损，紧接着产能出清，整个行业进入低谷期。这是经济自发形成的产业周期波动。从动态来看，无数个体在遵循利益最大化原则下进行的群体博弈，个体理性导致了群体非理性，从而导致产业周期性的扩张与收缩，资本市场有可能出现极值状态。

面对产业或经济周期波动对社会稳定性的破坏，在凯恩斯主义的政策主张下，政府会选择利用宏观经济政策或产业政策来对抗周期，希望这些措施能减轻周期波动对实体经济所造成的伤害，但有可能事与愿违，埋下下一轮危机的"雷"。2008年次贷危机时美国推出了无限量宽松政策，在熨平经济周期、减轻次贷危机给实体经济造成的伤害方面起到了作用。但是，次贷危机对美国金融行业的救助也导致了金融行业对低利率货币政策的高度依赖。利率已经持续上升了，而银行往往还停留在次贷危机和新冠疫情期间量化宽松政策的狂欢中。硅谷银行的轰然倒塌就是宏观经济政策对微观经济主体造成影响的例证。

周期性行业的产品价格都有明显的涨跌起伏特征，但波动的周期长短不一。当产品供不应求导致出现产能缺口时，企业为了弥补产能缺口而增加投资，但产能缺口弥补以及形成供给所需的时间并不是企业能完全掌控的。不同行业受自然规律的限制，所需时间有长有短。通常，产能缺口恢复所需的时间越长，价格上涨的时间越长、幅度越大；反之，产能缺口恢复所需的时间越短，价格上涨的时间越短、幅度越小。

粮食是一种全球性的大宗商品。据联合国粮食及农业组织统计，2022年全球粮食进口金额飙升到近2万亿美元，并且全球主要资本市场也都设有粮食的期货交易品种。种植业是人类最为悠久的行业之一，但它受气候影响太大。历史上发生的大饥荒都是大旱或大涝所致，因此农耕时代的祖先总是期盼风调雨顺。

异常的气候因素常常会成为黑天鹅事件。而当灾难发生后，由于可耕种的土地面积有限，以及农作物的生长对时间的刚性要求，粮食在供给上缺乏弹性：从需求出现缺口到供给增加需要一定的时间。

在农耕时代，土地是生产和生活的基础，当时的战争大都是为了争夺土地。国家领土面积越大，生产的粮食能供养的人口数量也就越多。在冷兵器时代，人口的多少基本代表着国力的强弱。直到现在，土地仍是限制粮食产出天花板的决定性因素，在有限的土地上只能种植限定数量的农作物。为了增加产量而提高种植密度的做法，将会影响农作物的正常生长，反而事倍功半。不可否认，随着化肥和育种技术、虫害防治技术的发展，当前农业生产效率比百年前有了大幅提高，但当灾难到来时，依旧没有什么新技术可以在短期内大幅提高产量。

除了受土地面积的硬约束外，农作物的生长还要遵循客观的自然规律，要在适当的季节播种，否则无法正常出苗生长。即便按时把种子播种下去，也需要几个月的时间才能成熟收获，这个时间是无法节省的，不像工厂可以通过加班把工期提前。

所以，当粮食供不应求时，价格上涨也无法通过增加种植来解决当前的短缺问题，俗话说"远水解不了近渴"。此时要么通过从外地买入粮食缓解压力，要么寻找替代品，价格将在新的水平上达到均衡。但如果受灾歉收是普遍性的问题，那么价格就会涨得更高。也正是由于粮食在生产环节上缺乏弹性，政府会大规模储备粮食，以备不时之需。

与粮食种植业相似的还有养殖业，弥补供不应求缺口所需的时间因商品种类和品种的差异而各不相同。在现代化养殖场中，肉鸡的养殖周期比较短，一般为40~50天。相比之下，肉猪的出栏时间要长一些，如大白猪的出栏时间一般为5~6个月，杜洛克猪的出栏时间一般为6~7个月。与农牧业相比，工业部门的供需缺口弥补所需时间更长，比如海洋运输业、采矿业都需要好几年的时间才能建成新产能，改善行业供给。

海洋运输业是典型的资本密集型行业，航运船舶是其主要的生产工具，运能在很大程度上受航运船舶数量的限制。不同于一般普通的船只，海运船舶的建造需要较长时间，尤其吨位大、复杂度高的船舶需要2~3年，甚至更长的时间才能建成交付。例如，建造一艘18000TEU（标准箱）的集装箱船，大概需要2年的时间。在2020年集装箱货运价格上涨的驱动下，2021年造船厂新承接的集装箱订单大幅上升，但当年的完工量并没有显著增加，因为造船船坞的数量是有限的，在不增加船坞的前提下，每年能够完成的订单也有上限，需要在以后几年里逐渐消化积压的造船订单。图 5-1 展示了 2014—2021 年全球集装箱船新订单量和完工量。

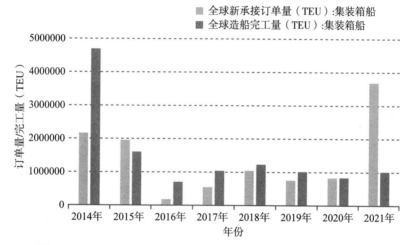

图 5-1　2014—2021 年全球集装箱船新订单量和完工量

资料来源：Wind 资讯。

液化天然气（LNG）船是专为在 -161.5℃的超低温下运输液化天然气而设计建造的专用船舶，制造工艺更加复杂。目前只有中、美、日、韩和欧洲的少数国家能够建造，合起来一共只有 13 家船厂。一艘 LNG 船仅设计环节就需要

12个月，建造还需要36个月，总共需要近4年的时间。所以液化天然气的海上运能供给更缺乏弹性。

当集装箱运价大幅上涨时，船东（即船舶的所有者或拥有者）会向造船厂下订单，造船厂将根据订单情况收取订金、安排生产。即便造船厂及时如期建造，最理想的情况下，也至少需要2年的时间才能交付新的集装箱船，而在这2年里没有新的运输能力可以满足集装箱运送的需求，所以集装箱运输的价格在这2年里可能会长期维持在高位运行，涨幅也会非常惊人。

也许会有人问，在这2年里，难道造船厂就没有其他新船建成交付吗？一般来说当然会有交付，船东都会有基于船舶更新计划而制订新船订单计划，按计划更新船队船只。但这与运价高低没有太大关系，只是日常的新老替代，除非新船交付后老船仍然超期服役，否则运力不会明显增加。

当然，在集装箱运价涨到最高水平时，由于运力无法快速增加，也有运营商采取"散改集"的策略，即使用散货船或其他类型的船只来运输集装箱。这种方式虽然能临时缓解运力不足的问题，但存在不小的安全隐患。在2021年就有船运公司为抢占利润丰厚的北美市场，对自家的货轮进行"散改集"，由一家上海货代租用并安排在新开设的北美航线上。可是该轮启航之后，1~4号货舱内的集装箱发生了坍塌挤压事故，随后船舶不得不返回。

当运价高涨时，高毛利率促使船东增加运力、多下订单，并希望造船企业能够尽快交付使用，从而尽快享受到价格红利。等到运价回落才能拿到新船，那"黄花菜都凉了"。从船东自身的角度出发，这种决策是最优的。但所有船东都采取相同行为，这就为不久的将来运力过剩埋下了风险的种子。2年后新运力将陆续释放，如果对集装箱运输的需求没有显著增加，集装箱运价将会因供过于求而回落。这实际上进入了博弈论中经典的"囚徒困境"。

这种情况在所有行业中都存在。在度过供需缺口恢复期后，供需双方力量的边际变化导致价格逐步回落，企业的盈利空间被一点点压缩，甚至只要价格高于变动成本，企业理性的行为模式是忍受亏损继续经营，弥补变动成本支出，不被淘汰出局，期望在下一个旺季周期弥补当前的亏损。

所以，市场出清过程变得比较长，企业本就没有盈利，也就没有资金用于设备更新，反而随着设备折旧报废，行业产能被动下降，中间也会有一些企业没能熬过行业寒冬而被迫出局。在悲观的盈利预期下，股市进入漫长的熊市，价格和市净率（＝市值/净资产）估值也陷入了极值区间。这时便是极值投资定义的极值区间。

直到行业的供需关系出现逆转，甚至出现较大的缺口，而供给难以在短期内得到提高时，产品价格才快速上涨，开启一个新的上涨周期。

极值投资要等到行业陷入周期谷底，往往也是去产能化程度严重、企业的经营及财务状况恶化，似乎所有人都对行业的发展失去信心，市场对其估值也大幅压低时。在基本面和估值的"戴维斯双杀"[一]之下，上市公司的股票价格极有可能进入极值状态。这时应运用极值思维，而不是陷入人云亦云的恐慌中，站在行业和公司估值的谷底（虽然这二者并不一定同时出现），冷静分析行业最坏的情景，以及当前股价是否反映了最坏的预期，展望未来行业和公司可能出现的积极因素，以胜率优先的原则做出投资决策。

[一] 指公司估值与每股净利润双重下跌而导致的股价下跌。

高空翻的集装箱航运业

海洋运输由于具有通过能力大、运量大、运费低的优势,性价比超过陆地运输和航空运输,成为国际贸易活动的主要运输方式。全球80%以上的国际贸易都是通过海洋运输来完成的。

海洋运输行业也是典型的强周期行业。克拉克森研究服务有限公司的创始人马丁·斯托普福德(Martin Stopford)在《航运经济学》一书中写道:"航运业到处都是周期,这些航运周期就像海浪拍打海滩一样,从远处看几乎无害,但如果你是个身处其中的冲浪人,情况就完全不同了。对船东而言,航运周期就好像赌场里面的发牌员,他手里的每张牌都有能发财致富的魔力。船东们正是靠着这种信念,在惨淡的衰退期中苦苦挣扎,在繁荣期增加赌注。"

国际贸易品类非常繁杂,不同的商品在海洋运输中使用的船舶也差异极大,有专门运输原油和液化天然气所需的油轮和LNG船,也有专门运输铁矿石、煤炭和粮食等初级产品所需的干散货船,还有运输像电子产品、纺织品等中下游制成品所需的集装箱船。在新冠疫情期间,集装箱航运经历了一个从长期底部区域快速复苏的阶段,而在此之前,集装箱航运业经历了漫长的行业寒冬。这一变化反映在中国出口集装箱运价指数上,如图 5-2 所示。

图 5-2　中国出口集装箱运价指数(CCFI)

资料来源:Wind 资讯。

当集装箱运力供过于求时,运费的下降拖累了船东的经营业绩,船东也会加快旧船报废、减少新船订单;一旦运费上涨,可以使船东大赚时,船东就计划增加运力,不能错过新一轮上升周期。就这样,集装箱运价指数也呈现出涨跌起伏的走势。

通常情况下,这个过程是动态平衡的,供需的天平向两侧都没有过大的偏转,所以运费的周期波动幅度并不大,新造集装箱船价格指数的波动相对温和,从 2011 年至 2020 年年底,新造集装箱船价格指数震荡向下(见图 5-3)。

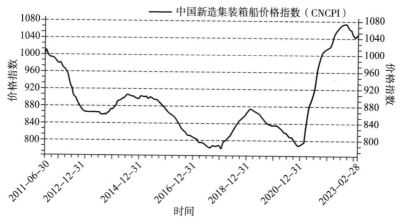

图 5-3　中国新造集装箱船价格指数(CNCPI)

资料来源:Wind 资讯。

从上一轮高点 2012 年开始,CCFI 综合指数经历了近 8 年的震荡下行期。在这段时间里,不断走低的航运价格使船东承受着巨大的经营压力,全球行业龙头都无法逃脱亏损厄运。A.P. 穆勒-马士基集团(简称马士基)是一家成立于 1904 年的丹麦公司,在全球集装箱运输行业排名第一。2012 年后,马士基经营收入基本一路下行,2016 年亏损额度超过 100 亿元人民币(以当年年末汇率计算),具体如图 5-4 所示。

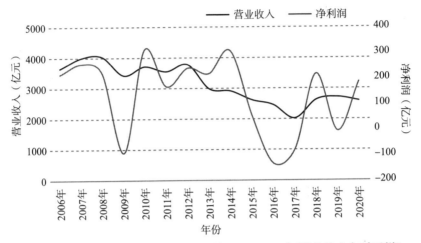

图 5-4　马士基（伦敦证券交易所代码：0O77）营业收入与净利润

资料来源：Wind 资讯。

特朗普自 2016 年当选美国第 45 任总统后，推行美国优先、制造业回归的政策，开启逆全球化进程。受此影响，投资者和船东形成国际贸易收缩的预期，对集装箱运输行业的前景深感悲观，因而船东在新船订单方面也持谨慎态度。从马士基集装箱运力来看，随着 2 年前下的新船订单交付，2018 年年初运力明显得到提升，但其后运力总体保持相对平稳（见图 5-5）。显然马士基对 2018 年以后的集装箱运输行业并不乐观，没有计划增加新的运力。

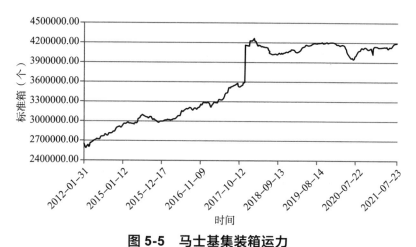

图 5-5 马士基集装箱运力

资料来源：Wind 资讯。

2020 年之后的一段时间内，欧美等国家深受疫情的困扰，港口集装箱积压严重、海洋运输周转速度减缓，供不应求不断推高集装箱运价，上市公司的净利润成倍增长，关于集装箱航运业的好消息漫天飞。

案例分析：某海运集团

某海运集团是国内主营集装箱航运和集装箱码头的上市公司，共经营着 230 多条国际航线、50 多条中国沿海航线及 80 多条珠江三角洲和长江支线，自营集装箱船队规模稳居行业第一梯队。其在国内集装箱运输行业中处于绝对领先地位,不可替代的行业地位决定了其行业重要性,其经营的稳定性直接影响着中国的集装箱运输市场与对外贸易能否顺利运行,同时,中国外贸的活跃度也在很大程度上决定了该公司的经营状况。

2021年,该公司的营业收入较前一年接近翻番,金额超过3300亿元(见图5-6),而实现的净利润超过1000亿元,在成本基本稳定的前提下,得益于运价的大幅提升,销售净利率高达31%,而前一年这家公司的净利润只有132亿元,同比增长率接近700%。

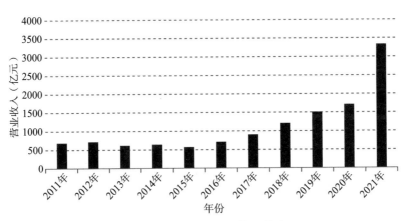

图 5-6　某海运公司营业收入

资料来源:Wind 资讯。

股权结构上，2021年年末该公司的第一大股东持股比例为37%，同时这家大股东的母公司也直接持有该公司8.58%的股份，两者合计持股比例超过45%。由于这两家企业均为国企，因此决定了该公司国有控股上市公司的身份。鉴于集装箱航运业具有战略意义，以及该公司在集装箱航运业的特殊地位，国有资本控股的优势使其在行业低谷时能够得到强大支持，破产倒闭的风险相对较小，顺利度过低谷期。

2009—2019年的11个财年里，该公司有4年出现亏损，并且每次亏损都超过60亿元。虽然2015年该公司的净利润接近18亿元，但当年政府提供的补助接近43亿元，如果没有政府补助，当年要亏损25亿元（见图5-7）。

在股权融资方面，某海运集团得到了国有资本的大力支持。2018年，某海运集团开展定向增发，次年1月完成定向增发，融资共77.24亿元。在十几年前的2007年6月，该公司刚刚上市，到年底就进行了定向增发，总募集资金近290亿元。

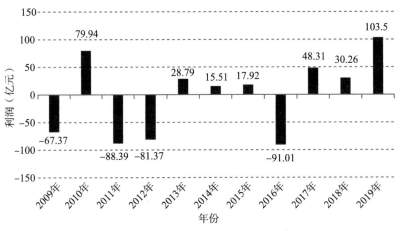

图5-7　2009—2019年某海运集团净利润

资料来源：Wind资讯。

该集团所在的航海运输行业在国民经济中发挥重要作用，属于战略支柱型产业，就像中国庞大经济体血管中的红细胞，缺少红细胞的人体将无法正常运行，而缺少海运企业，中国的外贸安全也将无从保证。所以，该公司不可能轻易破产，即便经营困难、财务状况恶化，也会得到各种政策支持。因此，某海运集团的破产风险极小，这与欧美航运公司有着本质不同。

所以，像该集团这样的公司，如果公司股价或估值处于极值区间时，首先其破产风险极小。其次，在股价连续多年跌幅90%以上并创造历史低位时,即使在最悲观的预期中,其资产的重构价值也远远大于公司市值。虽然公司的市值非常低,投资者普遍不认同公司资产价值,但是如果在实体经济中,以公司市值完全无法组建一家同样的世界排名第二的大型海运集团,公司没有炒作的流动性价值。但从悲观的基本面来看,公司的股价被严重低估了。最后,不利因素显然不会永远困扰海运行业,世界贸易格局变动也是缓慢但有弹性和周期的。因此,叠加的负面因素使投资者把短期因素和长期影响扩大化了。由于供给的增加远小于需求的周期变动,未来行业将会回归正轨。海运仍然是把控全球经济命脉的行业,仍然呈现强周期波动,不可或缺也无法被替代。

该集团股价在过去10年里经历过两次大幅度上涨。其中,2015年的上涨完全归功于杠杆资金的推升,市场处于普涨行情中;第二次是2020年供需和流动性共同推动的大幅上行,是一次典型的"戴维斯双击"。这两次上涨之前,其股价和市净率都达到了历史的极低水平。

10年前,该集团的股价最高超过60元,而在2015年和2020年启动上涨行情之前,股价都已经回到3元附近,与股价最高点时相比,跌幅达到95%。同时,该集团的市净率在2007年时达到最高的17倍左右,而在两次大涨之前,都跌回到1.2倍以内。这种股价和市净率的极低值都是企业在行业底部煎熬时产生的,黯淡的行业基本面、惨淡的经营业绩以及被投资者抛弃导致的低估值,把股价压到极低水平(见图5-8)。

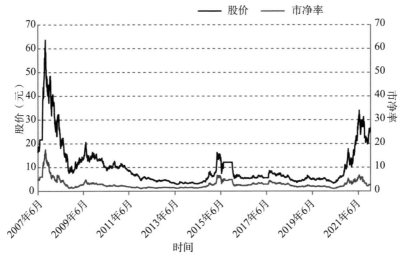

图 5-8　某海运集团股价(后复权)和市净率

资料来源:Wind 资讯。

对于该集团这样资产质量夯实、股东背景强大以及估值(市净率)处于历史极值的公司来说,在估值的极值区间投资时，投资者所承受的最大成本是时间成本。即在相当一段时间内股价不会有积极表现，但是并不会出现市场所预期的崩盘风险；相反，不论是基本面改善，还是流动性好转，都将会使投资得到丰厚的收益。

由于强周期行业的特点，市场总会因为某些原因再次迎来回暖，甚至过热的情况。2015年在杠杆资金的推动下，该集团的股价从2014年6月最低的2.91元涨到2015年4月最高的16.87元，不到一年的时间里上涨幅度超过400%。2020年5月，该集团的股价最低探到3.14元，而到全球海运市场最为紧张的2021年7月，股价最高涨到33.40元，在一年多的时间里涨幅更是高达10倍。

所以，从极值投资的角度出发，只要买入点位足够低，虽然短期仍然面对市场大幅波动的风险，但是基本面决定了公司长期的周期性走势，只要市场出现一次机会，它就有能力给投资者带来数倍的收益。在股票选择上，由于该集团所在行业具有战略意义，在集装箱航运业中也占据重要地位，又封住了极值投资最为担忧的底线。

案例分析：舌尖上的猪周期

2019年，随着非洲猪瘟蔓延，国内生猪养殖行业开启新一轮的上涨周期。在两年的时间里，猪肉平均价格经历了显著的过山车趋势，走出一个"肉价走高—母猪存栏量大增—生猪供应增加—肉价下跌—大量淘汰母猪—生猪供应减少—肉价上涨"的周期。

2018年8月3日，非洲猪瘟在我国首次确诊。由于非洲猪瘟传染性强、病畜死亡率高，几乎达到100%，全国大小猪场都是战战兢兢。2018—2019年全国共暴发了144起非洲猪瘟疫情。2019年上半年，全国能繁母猪存栏数量加速下降，创历史新低，生猪养殖业的产能严重受损。随着生猪产能和出栏量明显下降，供需失衡加剧，猪价短暂调整后持续快速上涨，这一涨价过程一直延续到2019年10月（见图5-9），全国平均批发价格最高突破50元/千克。猪肉价格上涨，生猪养殖企业的盈利状况大放异彩，2019年平均每头生猪能带来超过700元的净利润。历年平均每头生猪净利润数据如图5-10所示。

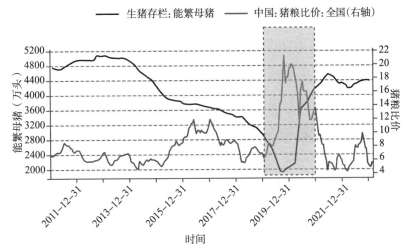

图 5-9　能繁母猪与猪粮比价历史走势

资料来源：Wind 资讯。

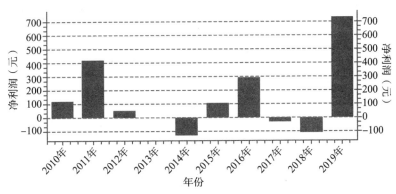

图 5-10　平均每头生猪净利润

资料来源：Wind 资讯。

生猪出栏同比下降与猪肉价格高位运行并存期从2019年年中持续到了2020年年底（见图5-11阴影部分），但出栏同比并没有因猪肉价格上涨而增加。这主要是因为生猪养殖企业要增加出栏量，先要增加能繁母猪的存栏量。能繁母猪的生长一般需要8~12个月的时间，仔猪育肥出栏还需要6个月左右的时间，所以产能或产量的增加不是瞬间可以实现的。基本在一年半后，生猪出栏量才会增加，进而才能将猪肉价格压低。

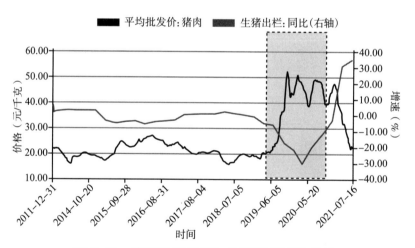

图5-11　猪肉批发价格与生猪出栏同比增速

资料来源：Wind资讯。

在供给未能有效增加前，猪肉价格高位运行保持了较长的时间。这段时间内生猪养殖企业享受着高毛利，并促使企业进一步增加供给，直至猪肉供给增加足够多，超出需求后，价格才会开始趋势性的回落。

这个价格拐点发生在2021年1月，此后生猪出栏同比增长超过30%，生猪供给的快速增加不断压低价格，而生猪价格的下跌又压缩了企业的盈利能力。绝大多数上市生猪养殖企业在2021年上半年出现经营亏损，行业再次进入市场出清阶段。

近几年我国生猪养殖行业发生了很大的变化，大量养殖散户从行业中退出，行业越来越向大企业集中，并且工业化程度不断提升。但猪瘟对于生猪养殖业仍是一种潜在的风险，难以被消灭，是一种黑天鹅事件。

2016年以来，从申万生猪养殖指数的走势看（见图5-12），在2018—2020年走出了幅度比较大的牛市行情。在2017年6月，申万生猪养殖指数还未启动前，该指数的PB值为3.47，当时申万生猪养殖指数在3615.76点。到

2020年9月,该指数涨到11000点之上。2021年之后,该指数的PB值再次回到2.6附近。

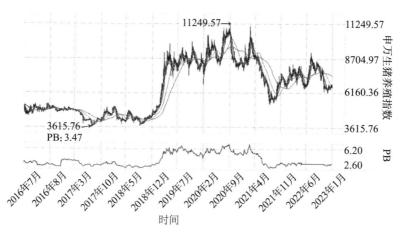

图 5-12 申万生猪养殖指数及 PB

资料来源:Wind 资讯。

第6章　行业内生的脆弱性

行业的脆弱性源于风险的不可控

如今科技已经有了突飞猛进的发展，可以通过遥感卫星进行气象预报、灾情监测，修建水利设施调节灌溉，利用现代技术培育抗旱抗病防虫的新品种等，但仍无法从根本上消除种植业的脆弱性，只能在一定限度内降低发生概率、减轻灾害损失。在重大自然灾害面前，人类依旧束手无策。

2019年12月，东非暴发了一场严重的蝗灾。有数据显示，无论规模还是破坏力，这场蝗灾都是近25年以来最为严重的一次。蝗虫的数量超过4000亿只，每平方公里的蝗虫数量在5000万~8000万只。每次蝗虫大军行动都会铺天盖地、遮天蔽日。蝗虫大军并没有止步于东非地区，而是向南亚次大陆的巴基斯坦、印度等地扩散。2020年6月，拉丁美洲也遭受蝗虫的侵扰，大量蝗虫在乌拉圭、阿根廷和巴西肆虐。

干旱、洪涝、虫灾等自然灾害都会直击种植业的脆弱点，这个问题任何国家都难以逃避。即使有现代科技的加持，种植业仍然有受到不可抗力因素影响的可能性。就像荷马史诗中的阿喀琉斯之踵——只是一小块没有被冥河之水浸泡的脚后跟，就变成了伟大英雄的致命弱点。

每个行业都不例外，都有影响行业自身发展的内外部因素，各种因素都会通过供需这两个方面影响行业发展。例如，养殖行业无法完全消灭瘟疫，食品行业也难免会遇上食品安全问题，煤炭行业也有可能出现事故，运输行业无法完全消灭交通事故……各行各业都有其特殊的脆弱性。

行业的脆弱性表现在风险事件发生的概率性，以及造成损失的不可测性。为了避免风险事件的发生，各家企业都会制定相关操作流程、生产标准。的确，这些措施可以减少风险事故的发生，但仍无法完全杜绝风险事故。例如，采矿企业无论怎样加固巷道，依然无法避免地震导致的井下透水和坍塌事故。黑天鹅事件无法预测，它的发生是概率所决定的。如果把时间拉长，企业脆弱的一面终将显现。而风险事故所造成的负面影响有多大，同样难以预测。这也是我们称之为行业脆弱性的原因。

不会被摧毁的行业

俗话说："开门七件事，柴米油盐酱醋茶。"这"七件事"是老百姓每天都要打交道的，与"衣食住行"中的"食"有关。民以食为天，同样也强调"吃"是老百姓最为核心的生存需求。无论如何，人类都不可能离开"吃"。

从食品消费的属性看，人类对食品的需求是刚性的，这也决定了食品行业本身是不可能被消灭的。所以即使发生了食品安全的黑天鹅事件，人们也不会因噎废食。

一般情况下，在发生食品安全事件后的一段时间里，人们会在不同品牌或食品类别之间做调整，选择自认为安全的品牌或其他替代食品。随着出事的食品行业的生产安全整改以及时间的推移，人们的消费习惯大概率会恢复到原来的状态。因此整个行业并不会因为食品安全事件而被摧毁，但行业内部的竞争格局有可能会发生变化。

生活中，食品安全事件并不少见，每年"3·15"晚会都会曝出一些问题。发生食品安全事件后，涉事行业内的头部品牌企业虽然元气大伤，但彻底退出市场的案例并不多见。毕竟品牌企业更有资本实力和动力尽快消除食品安全隐患，包括进一步改善生产卫生条件、加强广告宣传，向消费者表示食品安全事件是偶然发生的等。消费者在危机事件中可能会改变消费行为，降低对品牌的信任。在危机过后，品牌企业合理的危机处置能力能够使其重新获得消费者的认可，消费者依然相信具有强大品牌形象的公司能够改善管理模式和消费者关心的问题。因此，品牌消费品公司具有强大的在危机中的生存能力，但其他小企业则未必能够熬过去，即使不是事件的主角，也往往会受到巨大和持续的负面影响。

做一个简单的类比。一名长期数学考满分的学生，在最近的一次数学考试中只得了80分，你不会认为这个成绩是他的真实水平，并且深信这次一定是有什么原因，下次考试他一定会再得高分。食品行业的龙头品牌企业就如同这个数学成绩很好的学生，你从内心里更愿意相信这家品牌的食品安全事件只是偶尔发生的；如果连它们在食品安全上都做不好，那么其他普通的食品企业怎么会做得好呢？

除了食品行业外，其他消费和服务性行业中也有类似的情况。例如，即便发生空难或火车脱轨事件，人们的出行需求也不会消失。不会因为路上有汽车交通事故，大家就都不开车了。人们该乘飞机的还是会乘飞机，该坐火车的还是得坐火车，因此交通运输行业和交通运输制造行业也必定存在。

即便发生透水事故或瓦斯爆炸，发电、烧锅炉还是需要用煤，煤炭行业就必定存在。不能因为煤炭行业有生产安全问题，就要把煤炭企业都关停，让火电厂把烧煤全改成烧天然气。天然气的开采和运输也有可能发生管道漏气甚至爆炸的意外事件，水电也会有溃坝的风险，核电站也会有核泄漏的风险……因此，行业的脆弱性是行业与生俱来的，但它不会将行业消灭掉，其行业中的头部企业有能力度过艰难时刻。

本节所说的黑天鹅事件不会消灭的行业特指限定的周期性行业、必需消费品行业等相对稳定的行业。而对于其他容易替代的、容易发生破坏性创新的行业，黑天鹅事件是有可能导致一个行业的消失的。比如，汽车的发明使马车退出历史舞台；新能源汽车的出现也大有取代燃油汽车的趋势；未来自动驾驶的日臻完善将会有可能使出租车司机这一职业消失。对于高科技含量高的行业，新科技的出现就是黑天鹅事件，破坏性技术创新有可能将颠覆一个行业，而这种行业根本不适合进行极值投资，因为它有可能看不到太阳再次升起。

安全生产是行业普遍的脆弱点

现实生活中，我们遇到最多的黑天鹅事件之一应该就是安全生产事件了。无论是操作不当引起的食品安全事故或矿难事故，还是异常天气或机械设备引发的交通事故，都可以归为安全生产事件。由于安全生产事件与日常生活关系紧密、社会影响力大，是新闻报道非常关注的领域，也很容易将情绪成倍扩散。

食品安全问题的本质是信息不对称下的逆向选择。无论是食品上游行业的农田和养殖场，还是餐厅的后厨，或是食品加工的生产线，食品生产的诸多环节，消费者既看不见又摸不着，购买后也很难掌握全面信息。在这种信息不对称的背景下，即便制定了严格的生产流程、生产工艺，但有些企业为了节约材料成本、提高生产效率，不惜违反操作规范，因而极易造成食品安全事件。即便员工严格遵守内部生产流程、生产工艺，机器也有可能发生故障，人也有疏忽的时候，无意间也有可能造成食品安全事件。

煤炭开采是高危行业，因为多数煤层深埋地下，必须开掘深入地底的巷道才能开采。而地层情况复杂，存在着很多难以预料的风险，瓦斯爆炸、矿井水灾以及顶板事故都严重威胁着矿工的生命安全，这些风险既有可能是操作不规范所致，也有可能是不可抗力的自然灾害导致的。因此，矿难的发生几乎是没有办法完全避免的。并且，随着煤炭采掘深度的增加，开采条件越来越复杂，矿难事故发生的概率也随之上升。

我国铁路运输技术的发展有目共睹。从 2003 年 6 月开始发展动车组，2006 年 7 月首列时速 200 公里国产动车组下线，2017 年复兴号正式开始运行，2019 年我国高速铁路列车最高运营速度达 350 千米 / 小时，居全球首位。在高铁行驶速度大幅提高的同时，安全性也有所提高，但从投资者视角看，仍不可掉以轻心。

同样，空难事故也无法避免。电影《中国机长》和《美国机长》都有真实的故事原型，幸运的是这两次空难事件都没有造成人员伤亡——优秀的机长凭借专业能力可以做到力挽狂澜。但空难事故仍然是航空运输业的黑天鹅事件，至今仍不能完全消除。

食品安全与极值投资

乳制品行业的食品安全事件在全球范围并不少见。美国、日本、欧洲等很多发达国家和地区的乳制品行业几乎都多次发生过食品安全问题，很多事件都有一定程度的影响。从公开信息中不难查到以下 8 次重大乳业食品安全事件。

1. 纽约"泔水奶"事件

1858 年，纽约由于牛奶供不应求，每天进城的 9 万夸脱（1 夸脱 =1.136 升）牛奶经添加后变成了 12 万夸脱。增加的牛奶很多是添加了名为"泔水奶"的物质：把酿造威士忌剩下的废料作为饲料喂给奶牛，奶牛便会产出一种蓝色的奶。无良商家向其中加入熟石膏去掉蓝色，再用淀粉和鸡蛋增稠，即为"泔水奶"。这种"泔水奶"被以次充好加到好牛奶中，最终导致一年有高达 8000 名儿童死亡。

2. 森永乳业婴儿奶粉砒霜中毒事件

1955年8月，为了降低成本，日本乳制品企业森永乳业将含有砒霜的乳质稳定剂添加到原料奶中，将其制作成婴儿奶粉，导致上万名婴儿中毒，其中130名婴儿死亡。

3. 德国高浓度二噁英奶

1998年，由于巴西出口的动物饲料中含有柑橘果泥球，导致在德国销售的牛奶中出现高浓度二噁英。二噁英能通过消化道进入人体，导致严重的皮肤损伤性疾病，具有强烈的致癌、致畸作用，同时还具有生殖毒性、免疫毒性和内分泌毒性。

4. 日本雪印公司牛奶制品查出金黄色葡萄球菌毒素

2000年，日本雪印公司的奶粉、低脂牛奶、酸奶被查出含有金黄色葡萄球菌毒素，造成1.5万名消费者中毒，所有产品被全部召回。不少消费者在饮用了雪印牛奶后，相继出现呕吐与腹泻症状，食物中毒者达1.5万人，酿成了日本最严重的食物中毒事件之一。

5. "美乐宝 HN25" 阪崎氏肠杆菌事件

2002 年，德国出产的"美乐宝 HN25"婴儿特别配方奶粉被验出含有一种可能会导致初生婴儿脑膜炎、小肠结肠炎和菌血症的"阪崎氏肠杆菌"。该菌被确定为造成婴幼儿死亡的重要条件致病菌，对早产儿、出生体重轻的婴儿或免疫受损婴儿的威胁最大，死亡率高达 50% 以上。

6. 亨氏集团配方奶粉被召回

2004 年，因未添加维生素 B1，亨氏集团召回了在以色列售卖的一种配方奶粉。据报道，该奶粉造成了 3 名婴儿死亡和 10 名婴儿的大脑发育受损。

7. 雀巢奶粉碘含量超标

2005 年，雀巢金牌成长 3+ 奶粉的碘含量为每百克 191~198 微克，严重超过国家标准（每百克 30~150 微克）的上限。人体若过量食用碘，会引起甲亢，情况严重者，则会出现甲状腺肿大等病状。儿童比成人更容易因碘过量导致甲状腺肿大，如长期食用碘含量超标的奶粉，可能出现生理失衡和患上营养病，生长发育势必受到不良影响，整体抵抗力也将下降。

8. 美赞臣公司的 Gentlease 婴儿奶粉含金属颗粒

2006 年，美国召回了约 4.1 万罐美赞臣公司的 Gentlease 婴儿奶粉。该种奶粉为了提高食品中微量元素的含量，添加了微量的金属粉末，食用后会导致婴幼儿上呼吸道炎症。如果婴幼儿将金属颗粒吸入咽喉或肺部，极易导致呼吸系统和咽喉严重受损，情况严重时会导致呼吸困难。

从上面的实例可以看出，乳制品行业发生过很多次食品安全事件，但这并没有改变人们对乳制品的消费需求。从 1964—2023 年的历年数据来看，全球液态奶的产量总体向上（见图 6-1）。核心影响因素是不断增长的人口基数，以及不断提升的人均 GDP，前者形成巨大的牛奶潜在消费群体，后者提高人们对牛奶的消费能力。

食品安全事件阶段性影响限定范围内的消费者，短期内造成了恐慌。在恐慌消除后，行业会采取有力措施，出台更严厉的监管政策，公司提高质量管控能力。此后行业逐步规范健康发展，毕竟绝大多数的食品安全事件具有偶发性，不具备广泛性和普遍性。

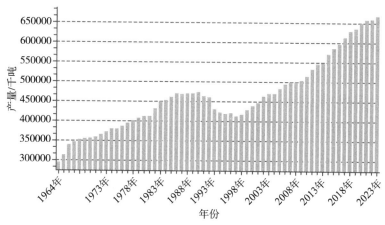

图 6-1　全球液态奶产量走势

资料来源：Wind 资讯。

日本乳业的"砒霜"奶粉事件

在 20 世纪中叶，日本曾经发生过牛奶砷中毒事件，事件的主角是森永乳业。当时森永乳业是全日本最大的乳制品公司，市场占有率超过 50%，是日本乳制品行业的"扛把子"，打出的广告一直都是"最健康、最营养的婴儿奶粉配方"。

为了保证鲜牛奶的质量，森永乳业一般都会添加磷酸钠作为乳质稳定剂。磷酸钠作为一种食品添加剂，在食品领域、医用领域和工业领域都有涉及。正常情况下，纯度高的药用磷酸氢钠不仅产量低，而且价格高昂。制造商把价格便宜、含有砒霜的磷酸钠卖给森永乳业的加工厂，未经检查就添加进了鲜牛奶里，制作成了"砒霜"奶粉。

因为奶粉里含有的砒霜并不多，中毒的症状起初并不明显；又因为砒霜中毒的前期症状与感冒很相似，所以家长们没有及时发现。直到毒奶粉事件被媒体爆料出来，已经造成了130名孩子死亡、12344名婴幼儿受害（也有媒体报道13426名孩子中毒）。

经过长达18年的多轮申诉和审判，直到1973年11月，终审法庭判决森永乳业有罪，森永两名员工被判刑三年。同年12月，森永乳业接受了受害者家长提出的赔偿协议，对所有受害者予以终身照顾。迄今，森永乳业每年都要支付10亿日元以上的巨额资金，用于对受害者的健康赔偿和生活照料。

食品安全事件并没有随着森永毒奶粉事件的结束而终止，在日本乳业行业老大森永乳业倒在毒奶粉上的同年，雪印乳业也爆发了"雪印八云工场脱脂奶粉食物中毒事件"。

2000年，雪印乳业的乳制品又一次曝出"大阪工厂低脂肪牛奶中毒事件"。

虽然经历了一次次食品安全问题，森永乳业在日本，甚至在全球的市场地位依旧位居前列。在荷兰合作银行发布的2014年度全球乳业20强排行榜中，森永乳业仍位列其中，排在它前面的日本乳企只有明治乳业。2021年，日本明治乳业依然是行业第一，营业收入10131亿日元，森永乳业的营业收入为5034亿日元。

食品安全事件是食品饮料行业的黑天鹅事件，与吃有关的行业几乎都无法完全避免这种黑天鹅事件的发生。但在事件发生时，由于短期负面因素的扩散和叠加影响，消费者往往会陷入恐慌，投资者也往往恐慌性地抛售相应上市公司的股票，形成极端的极值事件。但是，在资本市场上，短期的冲击往往会被扩大化，投资者也容易把偶发的食品安全事件理解为长期的消费者行为改变和行业的灭顶之灾，进而造成上市公司的股票价格进入极值状态，出现极值投资定义的投资机会。

理性人假设是经济学研究中的重要支柱之一，即经济学认为人是理性的，会根据自己的利益做出最优决策。但从现实金融市场的表现中，我们看到投资者在极端市场环境下更加情绪化，对金融市场的波动起到了推波助澜的作用，使金融市场表现出其脆弱性的一面。

行为金融学认为人并不总是理性的，其决策可能会受到情感、认知偏差和社会因素的影响。因此，应该将人的行为视为有限理性的，即人虽然可以做出理性的决策，但受制于有限的认知能力和信息不完全，可能会做出不完全理性的决策。

由于投资者的决策会受到许多心理学偏差的影响，例如过度自信、损失厌恶和羊群效应等，同时会受到所获得的信息数量及准确度的限制，这都会导致投资者做出不理性的决策，进而导致金融市场出现非理性的波动，有可能造成资本市场脱离宏观经济基本面，出现极值状态。

"黑色星期一"的市场雪崩

全球金融市场上有太多的血泪印迹。除了1929年全球经济危机下的金融市场暴跌、1998年东南亚金融危机、

2000年互联网泡沫破裂、2008年次贷危机和2020年新冠疫情引发暴跌之外，1987年的"黑色星期一"也是一次无法被遗忘的股灾——单日跌幅是1929年以来最大的一次，并且与经济基本面没什么关系。道琼斯工业指数的历史单日跌幅前5名见表6-1。

表6-1 道琼斯工业指数历史单日跌幅前5名

排名	日期	下跌	跌幅(%)
1	1987年10月19日	508	22.6
2	2020年3月16日	2997	12.9
3	1929年10月28日	38	12.8
4	1929年10月29日	31	11.7
5	2020年3月12日	2353	10.0

资料来源：Wind资讯。

"黑色星期一"的来临并不是没有预兆的。在1987年10月19日前三天，道琼斯工业指数已经连续回调，从2508.16点一步步跌至2246.74点，累计跌幅达到10.42%。在10月19日股市开盘后，行情延续前几天的弱市，卖盘远大于买盘，而由于买卖盘差异过大，在最初的1小时内，很多做市商甚至不提供做市报价。据美国证券交易委员会

（SEC）此后发布的信息，直到当天10点，标普500成分股仍有95只没有成交。《华尔街日报》也指出，30只道琼斯成分股中，有11只无法成交。

投资者的恐慌情绪主导了市场走势，开盘仅3小时，道琼斯工业股票平均指数就下跌了508.32点，跌幅高达22.62%。在纽约股票交易所挂牌的1600只股票中，只有52只股票上升，其中1192只股票跌到52周的最低水平。许多具有代表性的蓝筹股也在劫难逃，几乎所有大公司的股票狂跌30%左右，如通用电气公司下跌33.1%、美国电报电话公司下跌29.5%、可口可乐公司下跌36.5%、西屋公司下跌45.8%、美国运通公司下跌38.8%、波音公司下跌29.9%。

据当时《纽约时报》报道，这一天损失惨重的投资者不计其数，世界首富萨姆·沃尔顿一天之内股票市值蒸发高达21亿美元，世界上最年轻的亿万富翁比尔·盖茨的损失规模也达到39.45亿美元。许多百万富翁一夜之间沦为贫民，受股价暴跌震动，投资者的心理变得极为脆弱，精神彻底崩溃，自杀的消息不绝于耳。

恐慌像瘟疫一样蔓延到全球各地，多米诺骨牌接连倒了一片。当天，伦敦、东京、香港、巴黎、法兰克福、多伦多、悉尼、惠灵顿等地的股市毫无悬念地纷纷收跌，各大股市都没能逃脱大幅下跌的厄运。10月20日，东京证券交易所股票跌幅达14.9%，创下东京证券最高下跌纪录；10月26日，香港恒生指数狂泻1126点，跌幅达33.5%，创下香港股市跌幅的历史最高纪录。亚洲股市崩溃的信息又传回给欧美，在流动性链条和避险情绪的牵引下形成共振，导致欧美的股市再次下跌。10月，道琼斯工业指数累积下跌23.22%，当月的振幅更是达到39.89%。

在10月19日到26日的8天内，因股市暴跌而损失的财富超过2万亿美元，这是第二次世界大战中直接及间接损失总和3380亿美元的5.92倍，海量财富在无硝烟的灾难中焚烧殆尽。

《非理性繁荣》的作者罗伯特·希勒（Robert Shiller）向美国机构及个人投资者发放了针对"黑色星期一"的调查问卷，在问及股市崩盘的原因时，约1/3的回答是定价过高，其他回答包括机构止损、程序化交易、投资者非理性及恐慌等。继而，希勒又请投资者对原因进行简单分类，即把原因归类为基本面还是投资者心理,结果有 2/3 的答复将原因归类为投资者心理。

从 1987 年前后的美国经济增长数据也能看到,"黑色星期一"的暴跌与经济基本面没有直接关系。1985—1987 年间,美国实际 GDP 同比增速分别为 4.2%、3.5%、3.5%(见图 6-2)。虽有波动,但这种幅度并不应该带来股市出现如此巨大的下跌。

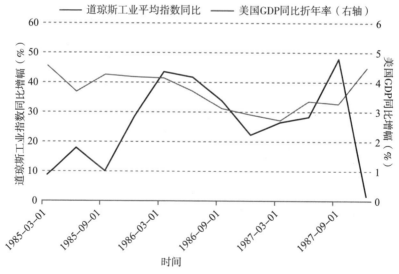

图 6-2 道琼斯工业指数与美国 GDP 季度折年率对比(%)

资料来源:Wind 资讯。

但回顾1987年10月前的市场走势，美国股市走出了连续3年的牛市，从1985年年初到1987年9月30日，道琼斯工业指数累积上涨了114%，标普500指数上涨了92%，纳斯达克指数也上涨了80%。股市的上涨逻辑脱离了经济上涨的基本面，同期年均实际GDP增速在4%左右，难以支撑此前年均近30%的股市涨幅。

在1985年后的3年牛市里，流动性宽松政策起到了重要作用。美联储在1984年9月开始启动降息周期，联邦基金目标利率从11.5%不断下调，直至1986年8月将其调到5.875%（见图6-3）。边际宽松的流动性环境使大量资金流向股票市场，不顾一切地将股市推高、再推高。

此外，全球投机资本的流入给美国股市的上涨再添了一把火。随着美国政府对金融市场管制的放松和对股票投资的减税刺激，巨额的国际游资涌入美国股票市场，促进了股价持续高涨。在1987年的前三个季度里，仅日本购买美国股票的新增投资约150亿美元，股票价格的上涨也几乎进入癫狂状态。

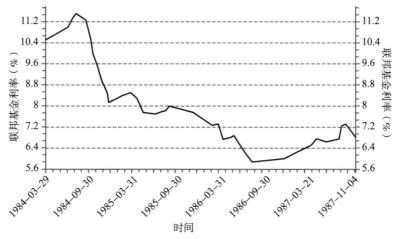

图 6-3　联邦基金目标利率

资料来源：Wind 资讯。

总之，流动性宽松环境使大量国际游资及私人资本源源不断地涌入股市，为追求短期利润而在股市上从事投机交易，从而造成了股市的非理性繁荣，1985 年和 1986 年两年里美国股市不断刷新纪录。尽管 1987 年年初开始，美联储重启加息政策，但投资者的乐观情绪没有受到丝毫影响。1987 年的前三个季度，道琼斯工业指数依然上涨 37%。但缺乏业绩支撑的过高涨幅已经形成资产价格泡沫，随时可能因为什么原因就会被刺破。就像第一次世界大战爆发前被称为"欧洲火药桶"的巴尔干半岛，只要一点火星就会将整个欧洲引爆。

"黑色星期一"股市的暴跌,有其"必然"发生的原因,脱离经济基本面的泡沫化是金融危机爆发的沃土。每一次金融危机爆发前,都经历了汹涌澎湃的股市泡沫化演进,投资者的非理性亢奋及盲目自信是投机性泡沫的心理基础。价格上涨给予了投资者正反馈,增长的财富数字进一步激发了投资者的热情,并且这种热情通过口口相传以及媒体传播在人与人之间快速扩散。在上涨的市场环境中多巴胺加速分泌,投资者陷入了对暴富神话的期待和赌徒般的兴奋中,越来越多的投资者加入了推动价格轮番上涨的投资行列,而完全不考虑资产的实际价值。对财富的渴望驱使投机者使用杠杆工具,不羁的欲望在躁动的市场中狂飙。在几轮预期实现的心理强化下,投资者信心倍增,将偶然当成必然,将短期当成长期,群体性的亢奋将市场不断向上推进。

金融市场的脆弱性,来自从众心理和羊群效应,造成"踩踏"事件,从而触发连续下跌的循环。

美国著名经济和金融史专家理查德·塞勒(Richard Thaler)指出,指数期货和组合保险是股灾发生的主要原因。根据布莱迪报告,大跌中计算机会以极快的速度捕捉交易行情信息,自动生成交易指令并向交易所撮合主机快速发送卖单。来自计算机程序自动下达的卖方指令,最主要的是进行组合保险对冲交易。由于很多程序化交易者的交易策略趋同、阈值设定相近,一旦价格信号触发卖出指令,市场上就会出现巨量卖单。正如沙尔夫斯泰因(Scharfstein)等人(1992)所指出的,机构投资者具有高度的同质性,它们通常关注同样的市场信息,采用相似的经济模型、信息处理技术、组合及对冲策略。在这种情况下,机构投资者可能对相同的外部信息做出相似的反应,在交易活动中则表现为羊群行为。

起初组合保险策略是为了控制组合投资风险而设计的,通过将风险资产和无风险资产按一定的比例组合,最终实现本金安全或将亏损控制在一定范围内。曾有人用简洁的语言介绍了组合保险策略:"如果投资可以接受5%的损失,那么可以根据这个风险承受能力计算出债券和股票的配置比例。如果股票上涨,会继续增加股票的比例;如果股票下跌,就减少股票的比例。"可以看出,组合保险策略最大的卖点是让养老金在股市上涨时超配股票,在股市下跌时低配股票,策略已经内置了追涨杀跌的基因。如果股票下跌达到一定水平，那么就要将股票全部清零，转向全仓债券，直至账户到期。我们可以将其称为"僵尸账户"，因为股票的涨跌已经与投资组合没有任何关系了。

在"黑色星期一"，市场的突然下跌首先是因为一批成立时间不久、安全垫保护不充足的组合保险策略账户触发清仓风险资产的指令，当这批卖出指令将股价进一步压低时，又引发其他安全垫稍厚的组合保险策略账户触发清仓指令。这就像引爆原子弹的链式反应一样，一个中子击中铀235原子核后打出3个中子，这3个中子再击打下一批铀235原子核，直到没有铀235原子核可以击打。可以说，一个组合保险策略账户是在既定策略安排下，将其持有的所有风险资金全部卖出。这不是基于人性弱点而导致的恐慌性抛出，而是按既定策略有计划的理性操作。

量化投资策略是信息技术发展的产物。使用计算机实时计算股价变动，并依据事先制定的买卖策略进行自动操作，从20世纪70年代末开始在华尔街逐渐盛行起来。多数量化投资策略是基于动量理论开发的，当策略程序发现股价下跌达到一定程度时，便按照事先设定的投资策略启动卖出指令，如果市场中的量化策略严重趋同，便有可能引发更大规模的抛盘，整个市场出现从小雨到大雨，再进一步发展成为暴雨。

疯狂加杠杆的惨痛代价

在追求财富的原动力驱使下，金融市场本身就有泡沫化的倾向，而加杠杆成为快速实现目标的理想工具。但泡沫总有被刺破的一天，并且吹得越大，泡沫破裂所造成的危害也越大，只是不同的泡沫被刺破的方式不同。美国1987年"黑色星期一"是在市场多空博弈中将泡沫刺破的；而2015年中国股市牛市的终结和2017年的债市转向，再次演绎了市场的疯狂。

尤其在2014—2016年那次股市快速上涨与急速杀跌的牛熊切换市场中，杠杆的疯狂兴起与衰败、跌宕起伏的行情在投资者心里留下了难以磨灭的记忆（见图6-4）。

沪深300指数从2014年年初的2322点一路涨到2015年最高点5354点，仅用1年半的时间就涨了130%。在那段时间里，几乎所有的股票都是普涨行情，不管是龙头股还是垃圾股都在涨，好像闭着眼睛买股票都能挣钱。市场再现癫狂的景象，有点复制《大时代》的感觉，与1987年之前的美国股市也很相似。

图6-4　沪深300（000300.SH）指数及其PE走势

资料来源：Wind资讯。

在这轮牛市中，A股走出了量价齐升的完美组合。在牛市启动前，A股每日成交总额都在2000亿元附近，随着股市的热情被点燃，A股成交有效放大，先在2014年成交底突破 1 万亿元，后在 2015 年 6 月突破 2 万亿元，而此后 5 年内 A 股成交都没能跨过 2 万亿元的高度（见图 6-5）。

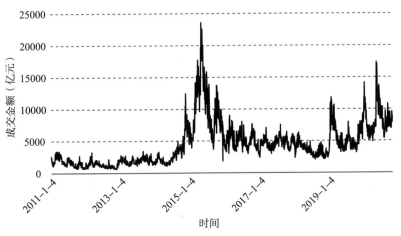

图 6-5　A 股成交金额

资料来源：Wind 资讯。

涨幅方面，在 2014 年 7 月 21 日至 2015 年 6 月 8 日间，沪深 300 指数在这轮牛市中的最大涨幅接近 150%，其中申万 28 个行业指数中有 27 个行业指数实现了翻倍，11 个行业指数累计涨幅超 200%。计算机行业涨幅最大，居首位，超过 300%；唯一未实现翻倍增长的行业是食品饮料行业，但最大涨幅也有 94%。总之，买什么股票都涨（见图 6-6）。

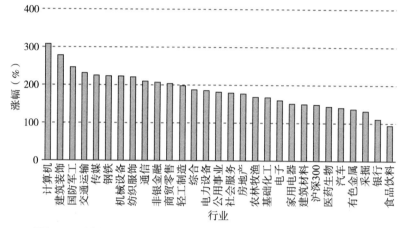

图6-6 沪深300指数及申万28个行业指数的最大涨幅

资料来源：Wind资讯。

为了对冲经济下行压力，中国人民银行（简称"央行"）在2014年年底重启宽松政策。央行开启新一轮降息、降准，客观上也为资本市场提供了宽松的货币环境（见图6-7）。

2014年5月，国务院发布了《国务院关于进一步促进资本市场健康发展的若干意见》，明确提出了"鼓励上市公司建立市值管理制度"。在整体上市、资产重组、兼并收购、引进战略投资者等市值管理工具的综合运用下，上市公司的股价普遍快速上涨。市值管理使上市公司有更强的动力推动股价上涨,虽然这不是驱动本次牛市的核心力量,但也为市场的活跃添了一把柴。

图 6-7　我国实际 GDP 季度同比增长率及贷款基准利率

资料来源:Wind 资讯。

从 2011 年开始两融业务(即融资融券交易)就在国内开展,但很长时间融资余额都没有超过 3000 亿元。从 2014 年 6 月开始,融资余额突然暴增,资金入市与股市上涨相互促进,像两名身着华服的舞者在跳华尔兹,越舞越欢。到 2015 年 6 月,融资余额达到近 2.1 万亿元,直到 2022 年都未能突破这个高点。在 2015 年,沪深两市只有 2800 家上市公司，总市值约58万亿元，而到2022年年底，两市上市公司已经有4900多家，市值更是接近80万亿元。相比之下，当时2.1万亿元的融资余额进一步体现了当年股市投机气氛的热烈（见图6-8）。

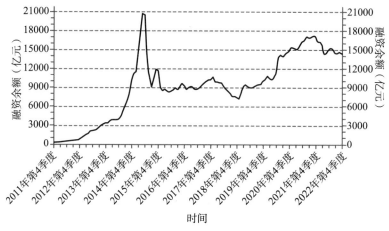

图6-8　场内融资余额

资料来源：Wind资讯。

除了场内融资业务外，分级基金也为投资者提供了加杠杆的理想工具。无须多余的操作流程，直接买入带有杠杆特征的分级基金的劣后份额或B类份额。同时，股票质押也是投资者加杠杆的有效途径。2014年6月30日质押股份市值为17562亿元，在次年股市暴跌前的5月31日，质押股份市值已经攀升至 52259 亿元。

> 我永远在吹泡泡，空中漂亮的泡泡；
> 它们飞得如此之高，几乎触到天空；
> 然后像我的梦一样，它们褪色死掉；
> 命运总是在隐藏，我到处寻找；
> 我永远在吹泡泡，空气中漂亮的泡泡。
>
> ——西汉姆联队队歌《我永远在吹泡泡》

股票市场进入自我加强的上升期：股票上涨带来赚钱效应，投资者加大资金投入，进一步推动市场的上涨。但是，杠杆是一把达摩克利斯之剑：股市上涨时，杠杆可以使收益成倍增长；股市下跌时，杠杆也可以让本金顷刻归零。

在股市一片火热时，监管层已经对市场中疯狂加杠杆的情况有所关注。最终，资本魔咒终于显灵，在监管机构开展清理杠杆的监管风暴下，巨大的回撤造成投资者资产严重受损，杠杆账户被迫强平，而游资在恐慌情绪的驱使下火速撤离，股市的暴跌之势难以阻挡。在 2015 年 6 月开始暴跌后的 9 个月里，沪深 300 指数最大跌幅达到 48%。

2015 年 4 月 16 日，中国证券业协会召开了证券公司融资融券业务情况通报会，并于 17 日在网站上发布《中国证监会通报证券公司融资融券业务开展情况》，明确规定："不得以任何形式参与场外股票配资、伞形信托等活动，不得为场外股票配资、伞形信托提供数据端口等服务或便利。"

5 月 21 日，证券业协会组织了部分券商召开监管会议，对券商参与场外配资业务提出严格的自查、自纠要求，主要包括"利用第三方系统通过接口接入实现客户间配资；以及以其他方式为客户间配资提供服务或便利等违法、违规行为"。

6 月 13 日，证监会发布《关于加强证券公司信息系统外部接入管理的通知》，明令禁止证券公司通过网上证券交易接口为机构和个人开展场外配资活动、非法证券业务提供便利，要求证券公司对信息系统外部接入管理开展自查，并提出要持续加强对证券公司信息系统外部接入的日常监管。

在 2015 年 6 月至 9 月的 4 个月里，A 股的下跌程度令人惊愕：曾经有 12 天出现千股跌停的奇观。投资者急于抛售手中的股票，买盘几近枯竭。尤其在 8 月 24 日那天，全市场有 2187 只股票跌停，上涨的股票仅有 15 只。为了避免出现跌停，许多上市公司选择停牌来规避风险，股市中出现了"停牌潮"。在 7 月 8 日后的连续 4 天里，平盘数均超过 1000 家，约占上市公司总量的一半，在股指大幅震荡的背景下，可以想象停牌的股票非常多。只用了两周时间，股市的颜色完全从深红变成深绿——前期涨得有多疯狂，后面就跌得有多癫狂。

6 月 15 日，沪深股市开盘即告下跌，沪深 300 指数全天仅下跌 2.14%，仍有 128 只个股涨停，虚晃一枪，引得市场虚惊一场。

6 月 16 日，沪深股市开盘迅速走弱，全天单边下跌，沪深 300 指数收盘下跌 2.99%，两天合计市场累计下跌超过 5%。其中，在过去一年累计涨幅最大的计算机行业指数两天下跌 9.25%，建筑装饰和机械设备跌幅也超过 7%。

6 月 17 日，沪深 300 指数出现了一波 2% 左右的下跌，引起一阵市场恐慌，但不久指数止跌回升，下午 3 点收盘竟然上涨接近 1.5%，全天振幅超过 4%。

6 月 18 日，市场开始传言有证券公司通知配资公司，将在两周之后关闭端口，建议将信托产品尽快清盘结束。这个消息成为压倒狂奔了一年的"疯牛"的最后一根稻草；沪深 300 指数当天下跌 4.05%，内地市场共有 151 只股票跌停，下跌个股数量是上涨个股数量的 5 倍。

由于参与场外配资的产品杠杆普遍在 5 倍以上，为了防止"穿仓"，信托公司会在初始资金的 95% 和 92% 的位置设置预警线和平仓线。也就是说，当配资账户下跌 8% 的时候，如果不补仓，产品就会被强制平仓。而沪深 300 指数从 6 月 8 日到 18 日已经累积下跌了 7.9%，但其中不乏很多账户下跌远高于这一数值，很多杠杆账户要被动平仓，市场的第一张多米诺骨牌开始倒下。

6 月 19 日是端午节休假前的最后一个交易日，沪深股市开盘短暂摸高后即重回暴跌模式，市场的负反馈机制再次启动，沪深 300 指数全天下跌 5.95%，共 991 只个股跌停。

6 月 23 日和 24 日，市场有所反弹，两天里几乎收复了 19 日的下跌空间。

6月25日和26日，市场再次重演暴跌戏码，两天内沪深300指数跌幅超过11%，尤其在26日，当天跌停个股数量达到2028只。A股市场以这种方式向我们展示了它的力量。

在随后的2天周末里，央行宣布降息25个基点，同时定向降准0.5个百分点。投资者们在"降准降息"的雨露中得到心理安慰，受伤的心灵默默地期盼周一开盘会扭转摧枯拉朽的市场颓势。

6月29日，沪深300指数再次下跌3.34%，市场没有对降准降息产生正向反馈，市场再现千股跌停。

短短10个交易日，沪深300指数暴跌21%，市场的赚钱效应如烟雾般一吹即散，千股跌停此起彼伏，股市进入了"乱纪元"，如同巨大的黑洞吞噬着无数财富。千股跌停本是发生概率极小的极端事件，现在却变成了高频事件，肥尾效应在此时再次应验。

随后，监管层开展了一系列救市政策，但即使在暂停IPO、禁止期指裸空、提高保证金比例、证金汇金增持、券商集体救市、多次降息降准等20余道"救市金牌"祭出后，市场也只是出现了短暂的小幅反弹，犹如将小石头扔进水池，仅泛起浅浅的几圈水波纹——这些政策根本无法阻挡将倾的大厦。

从2014年牛市启动到2015年股市降杠杆，沪深300指数的波动幅度很大，最高探到5380点，其后最低跌到2952点。这种幅度的波动在历史上也少有，要么出现历史极高值，要么出现历史极低值。从估值的历史分位看，在2011年以后的5年多时间里，2015年6月15日的市盈率（PE）和市净率（PB）均达到过去5年的99%分位左右，绝对是历史极高值。但在这两次政策引发的股灾中，沪深300指数的股值虽然下跌了不少，但在2011年以来的分位上并没有创出极低值，尤其是PE的历史分位最低也超过了40%，股指向上和向下的概率相差不大，安全保护不足，胜率不高。具体数据见表6-2。

表6-2　沪深300指数PE和PB的历史分位

时间	PE		PB	
	数值	近5年分位数（%）	数值	近5年分位数（%）
2015年6月15日	18.96	99.72	2.46	98.98
2015年8月26日	11.51	55.80	1.51	39.15

此外，2015年去杠杆的股市波动再次向我们展示了借钱炒股的危害有多大：10倍的杠杆，涨10%将给投资者带来1倍的收益，但跌10%就会使投资者血本无归。在胜率低、安全保护不足的情况下，在狂躁欲望下进行杠杆投资，终将造成无法挽回的灾难。

第7章 产业政策带来极值投资机会

2008年次贷危机后,我国政府推出了包括钢铁、汽车等在内的十大产业振兴规划。这就是典型的以发展为导向的产业政策,可为这些产业提供资金支持、融资便利以及税收优惠等。此外,另一类政策是政府为调整产业结构、规范产业发展,还实施了一些限制性、约束性的产业政策。这些政策给行业带来了极大的负面冲击。

煤炭行业产业政策黑天鹅事件

2008年美国次贷危机后,我国经济快速回升,煤炭长期占据国内能源结构中的最大份额。从2009年开始,新建煤炭开采和洗选行业的固定资产投资额一路上涨,到2013年,其投资额较2009年的投资额增加了1倍。随着煤炭行业的产能增加、产量充足，国内煤炭价格从 2012 年开始了长达 4 年的下跌。

以秦皇岛的山西产 5500 大卡动力煤为例，2011 年第 3 季度的价格还在 850 元/吨的高位，但到 2015 年和 2016 年年初已经跌到 370 元/吨（见图 7-1），跌幅达到 56%。据《证券日报》记者从中国煤炭工业协会第四届理事会第五次会议上了解的数据，2015 年煤炭行业主要经营指标呈现下滑态势，煤炭行业利润总额 441 亿元，仅为 2011 年的 1/10。据统计，国内 28 家上市煤炭企业归属母公司净利润为 –17 亿元，相较 2014 年全年的 429 亿元，"缩水"幅度超过 400 亿元。

供大于求导致煤炭价格下跌，而 2015 年煤炭行业的产能利用率仅为 65%，产能过大使煤炭企业背负着沉重的成本负担，短期内也难以扭转经营业绩，并且将长期压制煤炭价格，使其长期难以翻身。与煤炭行业相似的还有粗钢、焦炭、水泥熟料及玻璃等行业，2015 年的产能利率分别为 70%、65%、67% 和 68%。这些行业共同的特点是高污染、高耗能，并且产能严重过剩。随后，国内掀起了一场声势浩大的供给侧改革。

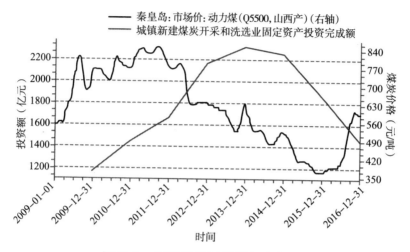

图 7-1 煤炭价格及煤炭行业投资

资料来源：Wind 资讯。

2016年1月的第一个工作日，时任国务院总理李克强带着山西、河北、内蒙古、山东等省份主要领导在太原召开钢铁煤炭行业化解过剩产能、实现脱困发展工作座谈会，提出要继续坚持以壮士断腕的精神来化解过剩产能，自此开启了新一轮去产能运动。

2016年2月1日，国务院印发《关于煤炭行业化解过剩产能实现脱困发展的意见》，要求在近年来淘汰落后煤炭产能的基础上，用3~5年的时间再退出产能5亿吨左右、减量重组5亿吨左右，使煤炭行业过剩产能得到有效化解，市场供需基本平衡。

2016年3月,国家发展改革委、国家能源局等四部委联合发布了《关于进一步规范和改善煤炭生产经营秩序的通知》,要求从2016年开始,全国所有煤矿按照276个工作日规定组织生产。

紧接着,山西、陕西、内蒙古、黑龙江等多个省份纷纷出台了各自的煤炭供给侧结构性改革实施细则,主要举措包括严控新增产能,淘汰落后产能和其他不符合产业政策的产能,退出过剩产能,推进企业改革重组,严控超产能生产等。

不仅在生产上实施产能优化方案,原则上停止审批新产能项目,关闭小煤矿,以及削减工作日,同时在金融领域也对煤炭等产能过剩行业加以限制。

煤炭企业的价值在于深埋地下的资源,只要煤炭还在,煤炭企业就有价值,只不过因为对煤价的预期而波动。但煤炭企业也是融资大户,不仅有巨额的银行贷款存量,同时也是发债大户,尤其在投资扩张的那几年里,债务融资使煤炭行业背负着巨大的债务负担,而随着盈利能力下降、现金流获取能力减弱,煤炭行业的债务偿付能力下降成为不争的事实,并且在2016年就要承受偿债高峰的考验。

从统计数据看,2011年后煤炭采选行业债券(包括企业债、公司债、中期票据、短期融资券和定向工具)每年需要偿付的规模持续快速增长,从不到100亿元的到期金额增长到2016年3700多亿元,并且在此后的3年也没有再超过这一偿债高峰(见图7-2)。这不仅反映出前期快速扩张对债务融资的强烈需求得到满足,导致在2016年进入集中偿债期,而后期的偿债规模的下滑也反映出市场对煤炭行业的信用担忧使煤炭行业的债券融资变得艰难。不是煤炭企业不想发债,而是债券发行日益艰难。

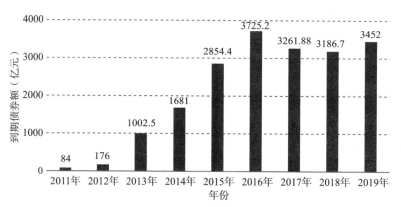

图7-2 煤炭采选行业债券到期分布

资料来源:Wind资讯。

山西省是煤炭大省，也是发债大省。据新闻报道，当时山西七大煤企负债总额突破万亿元，几乎相当于山西省全省的GDP。不幸的是，地处山西的央企子公司中煤集团山西华昱能源有限公司发生了债券违约，债券市场充斥着恐慌情绪，投资者对山西煤炭债望而却步。2016年上半年，多家山西煤企取消发债，4月仅山西晋城无烟煤矿业集团有限责任公司（简称晋煤集团）就曾两度取消债券发行。

为了帮助解决融资难题，2016年7月13日，山西省属七大煤炭集团和两家民营煤炭企业来到北京金融街进行路演推介，为山西龙头煤企发债"站台"，呼吁投资者增强对山西煤炭企业的信心。

由省政府牵头进行路演并不多见，可见，山西省政府为了稳定一省的产业根基、缓解煤炭企业融资饥渴，使用了非常规手段，短期内起到了一定的作用。一周后，晋煤集团顺利发行了20亿元规模的超短期融资券，而这只超短融曾在4月取消发行。

除了煤炭企业承受着融资困难，煤炭债的持有人也在为持仓的煤炭债发愁。一方面，机构投资者内部管理加强了对包括煤炭债在内的产能过剩行业债券的管理，时刻监控煤炭债的持仓比例和额度；另一方面，金融机构集体限制了对煤炭债的融资能力，使煤炭债的持有人面临更为紧张的流动性压力。

煤炭债的融资能力明显下降。除了没有多少投资机构愿意接盘煤炭债，很多银行、货币基金等资金融出机构也都限制以煤炭债作为质押品的银行间逆回购。虽然国内债券市场在2014年后经历了近3年时间牛市，但煤炭行业的信用利差却在2015年下半年开始持续上升，并且在2016年年中，信用利差达到最高峰的360个基点（见图7-3阴影部分）。过去这一利差只有150个基点左右。但由于这一利差数据自2015年才发布，2016年前的数据量太少，当时还很难从这一数据确定是否超过300基点的产业利差就是极端情况（虽然当时出现资产荒的背景下，剩余期限不到3年的山西AAA级煤炭债的中债估值已经接近6%，从个券角度来看，收益率已经进入了极端区间），但从2017年之后5年的利差走势看，这一利差超过200基点的次数也是极为少见的。

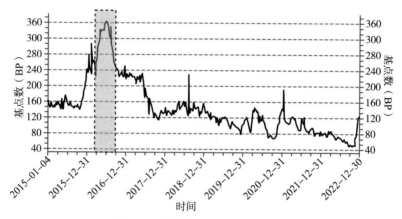

图 7-3　煤炭信用利差中位数

资料来源：Wind 资讯。

在 2016 年供给侧改革中，煤炭股票受到的冲击却不大，因为当时受股票市场去杠杆风暴的影响，整个股票市场都在下跌。2016 年煤炭行业指数及市净率的最低值与前一年的高点相比，下跌均超过 50%，但还比 2014 年的最低值高出 20% 左右。政府供给侧改革之前，投资者在 2014 年就已经对煤价下跌有了较明确的预期，当时煤炭行业的市净率一度跌到 0.95 倍，也绝对是历史少见的情况，最近出现 1 倍以内的市净率还是在 2020 年上半年。

2015 年，煤炭行业的利差大幅上升。这是因为在此前煤炭价格下行周期中煤炭企业经营业绩恶化的背景下（即图7-4的阴影部分时间段），政府为扭转煤炭价格下行趋势而进行了去产能操作，短期内进一步加重了企业负担，使债券投资者对煤炭企业的偿债能力产生了"过度"担忧。往往是产业调控政策驱动业绩预期边际恶化，叠加市场恐慌情绪共振，导致了极值状态的出现。

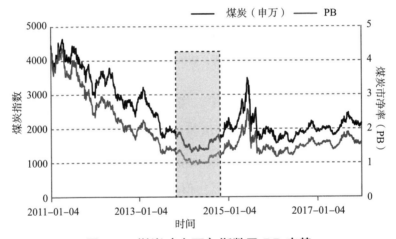

图 7-4　煤炭（申万）指数及 PB 走势

资料来源：Wind 资讯。

产业政策短期对投资者的预期产生影响，反映在债券市场上，是信用利差的急剧扩大。这在欧美等垃圾债市场上极为普遍。在 2020 年年初，随着新冠疫情的蔓延，石油价格大幅度下降甚至跌为负值，美国垃圾债市场上，以页岩气为核心发债主体的多家公司的债券出现暴跌。石油价格的变动导致与石油相关的商品、股价和债券价格同时受到黑天鹅事件的影响。在资本市场上，债券大部分时间都在一个很小的区间内波动，一旦出现事件的冲击，尤其是信用等级差、流动性不好的公司债券，往往表现出极度恐慌的走势。债券的极值对投资者的要求更高，因为债券有到期日、付息日等时间限制，在风险发生后，需要仔细甄别风险的成因以及未来走向。与股票、商品不同，债券本身就是风险定价的场所，需要投资者具备非常丰富的经验。多个分散的极值投资组合更容易化解单一决策带来的风险，极值投资需要专业知识和经验来把握。

第8章　多元化货币政策目标：黑天鹅事件的温床

鱼和熊掌不可兼得

当今世界，每个国家或地区基本都设立了中央银行，尽管名称可能有所不同，但基本都拥有货币发行权、最终贷款权及制定货币政策的权力。各国央行可在政府授权下，制定货币政策。

货币政策目标是央行采取货币政策希望达到的最终目的，一般包括六个方面：经济增长、价格水平稳定、充分就业、利率稳定、汇率稳定和国际收支平衡。如果把这些政策目标合并，可以归纳为经济增长和币值稳定这两大类。比如充分就业、国际收支平衡和实现经济增长基本上是一个维度；价格水平稳定、利率稳定和汇率稳定讲的是本国货币在商品交换、时间和外汇这三个参照系中保持币值稳定。

第8章 | 多元化货币政策目标：黑天鹅事件的温床

经济研究中，在反映经济增长和币值稳定这两个方面，通常会具体选择失业率和通货膨胀率这两个指标。高失业率代表很多人没有工作、没有收入；而高通货膨胀率则反映了人们要花费比以往更多的钱才能买到相同的东西。这两个指标加总起来，称为"痛苦指数"，这个指数越低越好。如果指数太高，说明居民的生存环境压力加大，要么没有工作，要么物价高。货币政策的终极目标实际上是要把痛苦指数压低，争取实现币值稳定下的经济增长。

虽然说痛苦指数似乎越低越好，但失业率不可能为负数，而通货膨胀率也不是越低越好。通常每个国家都会存在自然失业率，至少结构性失业会导致每个时点都有人被裁员，因而适当的失业率是正常的，也是维持经济健康发展所必需的。

同时，每个国家都希望会有温和的通货膨胀来刺激经济增长，而通货紧缩往往与需求不足挂钩，如若哪个国家出现通货紧缩，那么将会出现更大的麻烦，日本就是一个典型的例子。通常来说，各国都会为通货膨胀设置一个可以承受的范围，多数经济运行正常的国家会将其设定在2%~3%的范围内。

美国有比较长时间的经济统计数据，代表通货膨胀的

CPI同比和反映就业状况的失业率自1948年以来就已存在月度数据。近74年里，美国在第二次世界大战后至1970年里有较长时间痛苦指数都在8%以内，第二次世界大战后的全球经济复苏使美国迎来了低通胀和低失业的经济繁荣期。但在20世纪70年代后，两次石油危机使美国经历了极大的通货膨胀危机，失业率也快速攀升，在20世纪80年代初期痛苦指数一度突破20%，美国处于严重的"滞胀"之中（见图8-1）。

图 8-1　1948年以来美国CPI同比、失业率和痛苦指数

资料来源：Wind资讯。

1981年，70岁的里根出任美国第40任总统，当时美国正遭受自大萧条以来最严重的经济危机。里根选择使用供给学派的减税等政策应对"增长停滞",用货币学派控制货币总量的政策应对"通货膨胀",最终取得了成功。通货膨胀率先下降,没多久失业率也见顶回落,痛苦指数回到10%附近,这种情况持续到了美国次贷危机发生之前。

2008年的次贷危机中,美国经济遭受重创,失业率再创这20多年内的历史新高,虽然通货膨胀率并不高,但痛苦指数也突破了12%。此后,随着美国经济的逐渐恢复,失业率逐年下降,痛苦指数也回落到8%以内这个较为舒适的区域。在新冠疫情期间,美国经济和物价再次快速上升,痛苦指数轻易突破12%。而俄乌冲突发生后,美国就业数据出奇得好,对痛苦指数的回落起到积极贡献。

我们可以把第二次世界大战后全球经济的复苏作为例外,毕竟在第二次世界大战后全球重建背景下需求拉动不是经济发展的常态。1970年之后的50多年里,痛苦指数低于8%的好日子持续的时间并不长,多数时间痛苦指数都在8%~12%的区间里。但在个别时间段里,痛苦指数却突破了12%。如科幻小说《三体》中描写的三体世界,"恒纪元"

只是偶然，而"乱纪元"才是常态。

从美国的失业率与通货膨胀率的长期走势可以看到，一般情况下，失业率和通货膨胀率就像跷跷板的两端：宽松货币政策能够刺激低迷的经济实现增长、降低失业率，但同时会推高通货膨胀率；而紧缩货币政策能够对压低过高的通货膨胀率起到作用，但也会给经济增长降温、推高失业率。货币政策的多元化目标是相互冲突的，改善其中一个目标的货币政策可能使另一个目标向不好的方向发展，无法做到"既要也要"。

艰难的政策选择

在正常的经济环境下，央行要平衡失业率和通货膨胀率的话，货币政策的操作要灵活且有效，政策传导要顺畅。当经济变得过热时，为了将过高的通货膨胀率压下来，央行会采取紧缩的货币政策，比如加息、提高存款准备金率等，就像给一名发烧的病人打了退热针，其副作用是失业率上升；而在经济较为低迷时，央行则会选择宽松的货币政策，降息或降低存款准备金率都是对症下药，就像给病人打了一剂强心针，其副作用是通货膨胀率上升。

第8章 | 多元化货币政策目标：黑天鹅事件的温床

但有时候，经济内部出现问题，货币传导机制不顺畅，传统的货币政策不能达到预期目标，央行就将陷入左右为难的境地。

1998年6月3日，由慕尼黑开往汉堡的德国ICE884次高速列车在运行至汉诺威东北方向附近的小镇埃舍德时，发生了第二次世界大战后德国最为惨重的列车脱轨行车事故，造成12辆车厢全部脱轨，101人死亡、88人重伤。

经过调查，发现导致事故的是一个发生疲劳断裂的车轮钢圈。火车车轮在转动时会承受极大的重量，车轮在垂直方向上会产生略微收缩。每转动一圈，车轮上每个位置都会经历两次收缩、还原的形变，反反复复的变化导致了车轮钢圈的疲劳，使其物理性能衰减，无法达到正常使用的要求。然而，这当时并未引起工程师的重视，最终导致了这次悲剧。

这在材料学里被称为金属疲劳，即机械零件在交变压力的作用下，经过一段时间后，在局部高应力区形成微小裂纹，再由微小裂纹逐渐扩展以致断裂。疲劳破坏具有在时间上的突发性，在位置上的局部性，以及对环境和缺陷的敏感性等特点，故疲劳破坏常不易被及时发现，且易于造成事故。

在宏观经济的周期变化及宏观经济调控中也会有同样的问题。失业率和通货膨胀率就如同车轮的两个垂直方向，一个指标被挤压时，另一个指标就处于被动拉长的状态。经过一轮又一轮的周期调控，虽然从外面看经济还算正常，但经济内部各个环节的耦合已经出现裂纹。为了调控宏观经济，央行在理论支撑的基础上采取紧缩或宽松的货币政策来实现其政策目标，经济过热时就加息，经济萧条时就降息，似乎利率在涨跌中总会回到原点，宏观经济也能够被很好地管理。但现实并不一定会按央行管理者期望的方向发展，央行在实现短期目标的同时，无意间也播撒了下一次危机的种子。

经济萧条时，央行会开出传统药方，实行宽松的货币政策，降低利率鼓励企业购置设备、提高产能、增加雇员等，同时刺激居民增加融资消费、购买房产等，使经济活跃起来。央行也发现，通过加息来给经济降速的效果非常明显，但通过降息来刺激经济，还需要企业和个人来增加贷款才会起作用，并且常常遇到"用绳子推车"的困境 ⊖。

⊖ 前招商银行行长马蔚华曾对货币政策有过一个形象的比喻："货币政策是一根绳子，只用绳子拉车，而不用绳子推车。"形容货币政策只能应对经济过热问题，而无法应对经济低迷。

在次贷危机中，美联储使用了量化宽松的方式使经济恢复，通过零利率加海量货币供应的方式带动经济增长，在避免经济长期低迷方面收到了预期的效果，带动了资产价格的上升，经济也得到了有效恢复。但这种调控并不总是有效的，从日本执行了30年的量化宽松政策可以看到，经济体系逐渐对量化宽松的刺激方式形成了依赖，货币政策无法有效退出。即使在当前，通胀率已超过政策目标，达到3%以上，宽松政策也无法退出，日本经济已经严重依赖于宽松货币政策而无法自拔。

2020年后，美联储重启量化宽松的货币政策，美联储的资产负债表规模翻倍，美国经济和金融市场如愿地企稳回升，但产业链断裂和去全球化使美国乃至主要西方国家的通货膨胀变成一匹脱缰的野马，失速狂奔。开启量化宽松的一年后，在2021年3月18日的议息会议上，美联储还坚称"通胀率继续低于2%"，而在下个月公布的3月通货膨胀率就已经到了2.6%，通货膨胀已经脱离了美联储设定的路线。而到2021年年底，通货膨胀率就已经涨到7%，到2022年6月更是突破了9%。

央行货币政策对经济的调控效力是有前提的，并不总是药到病除。理性预期学派的代表人物卢卡斯，在1972年发表的论文《预期与货币中性》中对货币政策传导就曾提出质疑。凯恩斯主义者认为，扩张的货币政策可以拉动就业、促进经济增长，原因是货币的增加会提升工资水平，劳动者就会选择提供更多的劳动供给，就业和产出也会随之增加。而卢卡斯认为，劳动者并不会对名义工资做出反应，他们更在乎的是实际工资。除非企业开出了比过去更高的实际工资，否则劳动者并不会增加劳动。但是，在货币扩张的背景下，人们可以看到价格和工资的水平同时上升，具有理性预期的劳动者就会根据各种数据去分辨工资的上升中哪些是来自货币增发带来的名义效应，哪些才是真正的工资上涨。在这样的背景下，那些被预期到的政策所产生的名义效应就不会促进劳动力供给的增加。1976年，卢卡斯将这种观点归纳为"卢卡斯批判"，即在理性预期下，任何政策变动都会导致计量经济模型的结构发生根本性的变化，因而基于计量模型的经济政策是无效的。

所以，央行的货币政策是否有效，还要看央行与市场各环节的参与者之间的博弈。如果让市场猜到央行的真实想法及下一步操作计划，货币政策的效果将会大打折扣。所以，通常情况下，美联储的讲话更多地引导预期。美联储前主席格林斯潘曾在出席国会质询时对自己的语言风格进行阐释："如果你觉得领会了（我的讲话），那么你一定是听错了。"

货币政策的多目标及其所依赖的稳定的宏观环境，在现实中往往会遇到挑战。在逆全球化、国际冲突加剧、产业链重构、去美元化、人工智能科技革命等宏观局面下，货币政策本身就难担重任。过去数年，各国相继推出了数轮量化宽松的货币政策，天量的货币供给以及形成的债务压力让全球经济列车不堪重负。看似水面上风平浪静，但水下早已积攒了巨大的能量，直到有一天能量爆发，造成难以承受的破坏。

美联储的纠结与金融体系脆弱性

与10多年前的次贷危机相比，本轮经济的通货膨胀与潜在经济衰退的矛盾显得更加难以调和，美联储的货币政策几乎陷入左右为难的境地，就像已经踩进沼泽，政策工具的效力大打折扣。

2020年年初，为对冲疫情可能引发的经济衰退和金融风险,美联储采取了极其宽松的货币政策,把降低利率、联储扩表都运用得淋漓尽致。在2020年新冠疫情开始全球蔓延时,继3月3日紧急降息50基点后,当月15日美联储再次召开联邦公开市场委员会(Federal Open Market Committee,简称FOMC)会议,将联邦基金利率目标区间下调1个百分点,至0%~0.25%区间内。这轮降息,美联储仅用4次就把联邦基金目标利率从2.5%降到0.25%,而此前历经9次才把基准利率升到了2.5%(见图8-2)。

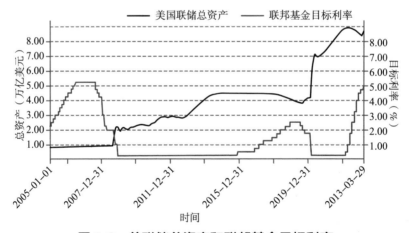

图8-2 美联储总资产和联邦基金目标利率

资料来源:Wind资讯。

受处置次贷危机成功经验的启发,这次美联储基本没有任何犹豫就果断推出了量化宽松的货币政策，美联储每月购买至少 800 亿美元的美国国债和 400 亿美元的房产抵押贷款证券，持续投放天量流动性。仅在 2020 年一年，美联储资产负债表就扩张了 3.2 万亿美元，增幅达到了惊人的 77%，使次贷危机之后的 3 次量化宽松货币、政策都相形见绌。从 2020 年年初到 2022 年年初的两年时间里，美联储的总资产从 4 万亿美元增长到了 9 万亿美元。这次美联储达到了政策目标，在 2020 年和 2021 年里，纳斯达克指数累积上涨超过 70%，标普 500 指数累积涨幅也接近 50%。

除了美联储海量流动性注入金融领域外，美国财政部也运用了史无前例的发钱政策，向符合条件的美国居民发放支票。美联储通过降息和量化宽松压低了资金利率，财政部通过发放支票提高了消费能力，共同维持住了美国的经济增长。2021 年美国实际 GDP 为 19.61 万亿美元，与疫情前 2019 年的 19.04 万亿美元相比仍有增长，两年 GDP 的平均增长率为 1.51%，而疫情前 5 年的平均增长率也不过 2.37%。

但非常规的量化宽松货币政策不再像 2008 年那样没有引起物价的波动，而是在多轮天量量化宽松后，美国通胀的急速上扬打破了美联储一厢情愿的"经济复苏而不引起通胀上行"的幻想,通胀大幅度破表,使美国再次迎来了"沃克尔时刻"㊀。为了抑制过高的通货膨胀,美联储不得不采取紧缩货币政策,冒着经济衰退的风险控制通胀。毕竟美联储总资产的扩张幅度超过了一倍,泛滥的流动性给投机者提供了廉价的弹药,大宗商品价格出现一轮狂飙上涨,纽约WTI原油从2019年年底的60美元/桶上涨到2021年年底的75美元/桶,在2022年3月更是超过了130美元,创下近10年的最高价格,全球迎来了新一轮的通胀大潮。

我们一起回顾这次美国通货膨胀的经历。2021年5月,美国物价已经显著抬头,美联储仍坚持量化宽松货币政策,向市场释放"通胀暂时论"信号,声称物价高是因为供应链不畅。然而,现实并没有迁就美联储的一厢情愿。通胀愈演愈烈,美国的消费者物价指数(CPI)同比在2021年年底突破了此前20年的高点,并继续创出新高,直至半年后突破9%(见图8-3)。终于,美联储在2021年11月开始缩减购买资产,高速行驶的量化宽松货币政策(QE)快车被踩

㊀ 指1979年至1982年,沃克尔主掌美联储时,为了抑制高通胀而进行的大幅加息。

下制动。美联储面临的天平，通胀的一端已经高高翘起，美联储主席鲍威尔开始将紧缩货币政策的砝码放在高高翘起一侧的托盘上，并且把工具箱里的加息砝码一个一个地加上去。

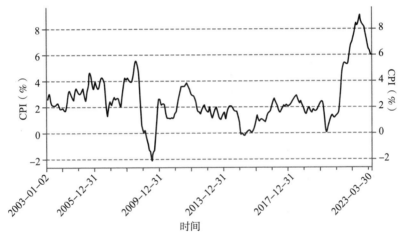

图 8-3 美国 CPI 创出新高

资料来源：Wind 资讯。

2022 年 3 月的美联储议息会议上，美联储决定上调联邦基金利率区间 25 个基点，至 0.25%~0.5% 区间内，自此开启了新一轮加息周期，紧接着每次加息幅度扩大到 50 个基点。这反映出美联储所承受的高通胀压力确实非常大，其控制通胀的紧迫心情溢于言表。但这次美联储的招数并没有起到立竿见影的效果，通胀显得异常顽固。

美联储在2020年开始实施的量化宽松货币政策出现了双失效的情况，在施行时期虽然拉动了经济复苏，但是也带来了全球大通胀。2022年3月美联储实行紧缩性货币政策，但通胀显示出顽固性，再一次让美联储陷入了加息与银行脆弱系统崩溃、经济衰退的两难选择之中。多轮创纪录速度的加息都没有使美国的经济衰退实质性放缓。美国失业率在2023年1月降至3.4%，甚至创出1980年以来40多年的历史新低（见图8-4）。

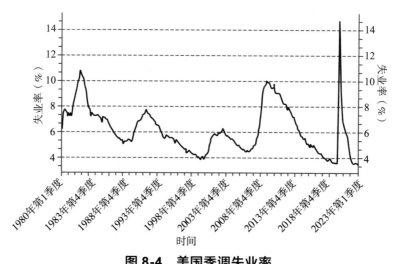

图8-4　美国季调失业率

资料来源：Wind资讯。

本次美联储政策导致的脆弱性集中反映在金融体系中，尤其是以银行连环破产为代表的金融体系的脆弱性上。在2023年3月爆发的以硅谷银行挤兑事件为代表的美国中小银行危机，是美国本轮加息导致经济出现的一道裂缝。

硅谷银行亏损根源在于加息周期中资产负债收益率的倒挂，前期低利率环境下配置的债券资产，在升息周期时需要承担债券价格下跌导致的浮亏。如果银行的负债端比较稳定，没有出现大规模净提现，那么银行完全可以通过时间消化浮亏，甚至能够熬过高利率阶段。但硅谷银行很不幸，储蓄客户对公司的融资方案不抱以信心，从而争相取现，导致了银行挤兑，并且这种风险向其他中小银行扩散。虽然美国财政部和美联储紧急应对，希望快速扑灭银行体系的导火索，在危机早期就消除风险，但金融机构的资产负债收益率倒挂依然存在。美联储加息持续的时间越长，银行的亏损也就会越大，流动性的危机难以消除。美联储加息导致美国存款利率与货币基金收益率存在倒挂。2023年4月17日，苹果公司正式推出与高盛合作的Apple Card高收益储蓄账户，类似我国的余额宝。4月中下旬，该储蓄账户的年化利率高达4.15%，而根据美国联邦存款保险公司的数据，美国平均储蓄账户利率仅为 0.37%，这对美国银行存款来说也是巨大的威胁——表内资产将会向表外资产转化。

截至 2023 年 6 月 7 日的前一周，美国银行业的存款流出了 792 亿美元，货币基金的规模仍在创纪录地上升。2023 年 6 月，美国杠杆贷款的违约率上升到了有记录以来的第三高位，说明美国银行业的危机仍然没有解除。

2023 年 3 月 19 日，瑞士联邦政府宣布，瑞士信贷银行将被瑞银集团收购。瑞银集团当天发布公告，根据全股份交易的条款，瑞士信贷的股东每持有 22.48 股瑞士信贷股份将获得 1 股瑞银集团股份，相当于每股 0.76 瑞士法郎（1 美元约合 0.9252 瑞士法郎），总对价 30 亿瑞士法郎。这笔交易将创建一个拥有超过 5 万亿美元投资资产的公司。同时，瑞士国家银行发表声明表示，瑞士国家银行将提供流动性援助，以支持瑞银集团对瑞士信贷银行的收购。

同日，加拿大银行、英格兰银行、日本银行、欧洲中央银行、美联储和瑞士国家银行宣布了一项协调行动，通过常设美元流动性互换额度安排加强流动性供应。这些中央银行之间的互换额度网络是一套可用的常设设施，可作为缓解全球融资市场压力的重要流动性支持，从而有助于减轻各成员国流动性的压力。

作为危机时期全球流动性的协调机制，这个举措可以认为从美国硅谷银行开始的银行危机已经蔓延到全球各主要经济大国，全球性的金融危机风险可能已经开始发酵。从硅谷银行传出挤兑危机到瑞士信贷银行被瑞银集团收购，银行业危机正在全球蔓延。

全球银行业的危机正在向商业地产等脆弱行业蔓延，暗火还没有消除。中小银行为了应对存款外流的压力，不得不采取自救措施提前预防，比如停止信贷业务、提高现金等流动性资产额度。这些操作对每家银行来说都是理性的选择，可是这将给美国实体经济带来不小的冲击，有可能进一步引发脆弱行业的危机。

高盛集团的一份报告指出："资产值低于2500亿美元的银行承担了美国约50%的商业和工业贷款。其中，中小型银行承担了美国六成的住房贷款以及八成的商业地产贷款。"高盛认为，一旦储户对这些银行丧失信心，认为自己的存款存在这些银行里不安全，就会出现大面积提现的情况。中小银行将被迫压缩贷款业务以保证自身的流动性充裕，而这将抑制美国经济增长。

2023年3月美联储议息会议前，市场预期变得非常混乱，因为大家都看到美联储已经陷入首尾两端的境地，为是否要按以前50个基点的幅度继续加息这一问题烦恼。很多投资者预计美联储可能会停止加息，毕竟银行体系的危机已经出现，不排除产生2008年次贷危机那样的大型金融危机的可能。也有很多投资者认为金融危机爆发的可能性在提升，美联储为保持其权威性仍会加息，但加息幅度将会降低。最终，议息会议将联邦基金目标利率上调25个基点，采取了小幅加息的政策选择。可以看出，美联储采取了全面紧缩与定向释放流动性的政策组合来应对当下的危机，但导致危机的高利率本源并没有解决。这也表明美联储内心的纠结——那个定时炸弹的计时器仍在嘀嘀嗒嗒地走着。

美联储面临着近40年没有遇到过的情形：高通胀与潜在经济衰退的风险并存，美国游走在万丈悬崖边上。如果选择继续加息，不仅需求下降会带来经济衰退的风险，而且银行危机爆发的风险将进一步加大，引发经济断崖式衰退的可能性进一步提升；如果不再加息，则过高的通胀又会成为难题。

由此可见，包括美联储在内的全球央行都不是万能的，多重目标造成了美联储乃至全球央行的两难困境。继续加息，无疑会把更多的银行推下悬崖，甚至影响经济的稳定性，引发更大的经济衰退；若选择停止加息，刚刚有所下降的通胀可能又会卷土重来。毕竟美联储担负着物价稳定的重任，控制不好物价，各国央行主席将如坐针毡。2023年4月，美联储票委卡什卡利曾经表示，收紧的信贷条件和更高的利率可能导致经济下行或衰退，但如果不能将通胀降下来，对就业市场的影响将更加严重。美联储的各位票委在加息与否的抉择上，就像坐在屋脊之上。

政策目标的多元化使央行左右为难。央行或者说货币政策承担了过多的政策目标，全球经济遇到的诸多问题寄希望于货币来解决，货币政策的"过载"使得全球宏观经济处于海量货币潮起潮落的"脆弱"状态，可能会引发更大的危机。货币政策的"过载"状态可能带来极值投资的极值时刻。

极端化的货币政策和极值时刻

利率是金融资产定价的重要变量。以最简单的债券定价为例,在票面利率和到期日都已经确定的基础上,债券的价值只由折现率决定:折现率高,则债券价值低;折现率低,则债券价值高。股票资产的定价略微繁杂,只因作为贴现模型的分子的未来现金流是不确定的,它受到宏观经济、行业预期和企业状况的影响,所以定价更加复杂。

央行货币政策调控使用的常规政策工具,如利率、存款准备金率和公开市场操作,以及量化宽松等非常规政策工具都会对金融资产的价格产生直接影响。宽松的货币政策下,折现率低,流动性充足,金融资产的价格就会走高;相反,紧缩的货币政策下,折现率高,流动性紧张,金融资产的价格就会走低。

将最近三年的纳斯达克指数与美联储联邦基金目标利率对比来看,在2020年新冠疫情刚暴发时,美国股市在恐慌中急剧下跌。美联储经过两次利率下调,并配合海量的流动性投放,使纳斯达克指数立刻回升,到2021年年底,两年涨幅超过60%,与2020年年初最低点相比涨幅超过1倍。

但当市场开始讨论美联储为应对高通胀将采取紧缩货币政策时，纳斯达克指数就开始有所反应，一路震荡下行。金融资产价格对货币政策的反应在任何市场中基本上都差不多，所以货币政策开始进入极端状态时，会出现极值时刻。由于美元是全球通用的流动性资产，美联储的货币政策动向将涉及全球的每个角落，只是因货币进出一国的效率而表现出不同的共振程度。联邦基金目标利率与纳斯达克综合指数如图8-5所示。

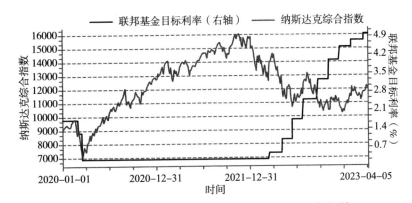

图 8-5　联邦基金目标利率与纳斯达克综合指数

资料来源：Wind 资讯。

在美国市场中，房地产投资信托基金（REITs）也是一类重要的投资品种。从其2020年后的走势来看，其与联邦基金目标利率的负相关关系也很明显。自联邦基金目标利率上限达到 0.25% 后，房地产价格指数就一路上行，最大涨幅超过 1 倍。联邦基金目标利率与威尔希尔美国房地产投资信托市场总指数如图 8-6 所示。

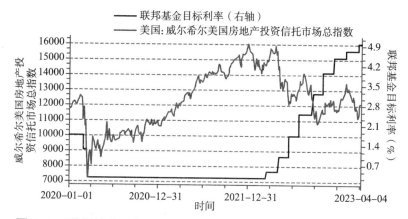

图 8-6　联邦基金目标利率与威尔希尔美国房地产投资信托市场总指数

资料来源：Wind 资讯。

20 世纪 90 年代初期，零利率和量化宽松还只存在于日本，并被认为是另类的、不具有普遍性的、实验性质的货币政策。但是，日本在过去的 30 年里都一直没有摆脱通缩和零利率困境，且该趋势有蔓延的趋势。进入 21 世纪，欧洲也逐渐陷入了零利率非常规货币政策困境中。在新冠疫情之前，欧盟各国也进入了零利率和量化宽松的极端货币政策时代。2008年次贷危机期间，量化宽松在美国首次登上舞台。而当新冠病毒来袭之时，美国重启量化宽松。我们可以看到，在过去的30年里，日本、欧洲和美国主流的货币政策中，零利率和量化宽松越来越成为常态。

极端的货币政策如零利率、量化宽松以及创历史纪录的快速加息都在同时上演，全球的实体经济就在货币的浪潮中跌宕起伏。作为实体经济指标的资产价格——股指和REITs等也随着极端化的货币政策大起大落。极端化带来的脆弱性使未来全极端化的趋势有望延续，资产价格的极值时刻将更多次地上演。投资者更需要从胜率优先的极值投资视角来看待未来的全球经济和资产价格，去理解波动和把握机会。

参考文献

［1］洛温斯坦. 赌金者：长期资本管理公司的升腾与陨落［M］. 毕崇毅，译. 北京：机械工业出版社，2017.

［2］伊普. 源风险：为什么越安全的决策越危险［M］. 谭浩，译. 广州：广东人民出版社，2018.

［3］塔勒布. 黑天鹅：如何应对不可预知的未来［M］. 万丹，刘宁，译. 北京：中信出版集团股份有限公司，2019.

［4］塔勒布. 肥尾效应：前渐进论、认识论和应用［M］. 戴国晨，译. 北京：中信出版集团股份有限公司，2022.

［5］塔勒布. 反脆弱：从不确定性中获益［M］. 雨珂，译. 北京：中信出版集团，2020.

［6］巴菲特，坎宁安. 巴菲特致股东的信：投资者和公司高管教程［M］. 杨天南，译. 北京：机械工业出版社，2018.

［7］钱塞勒. 资本回报：穿越资本周期的投资：一个资产管理人的报告 2002—2015［M］. 陆猛，译. 北京：中国金融出版社，2017.

[8] 聂夫, 明茨. 约翰·聂夫的成功投资[M]. 吴炯, 谢小梅, 译. 北京: 机械工业出版社, 2021.

[9] 马克斯. 周期: 投资机会、风险、态度与市场周期[M]. 刘建位, 译. 北京: 中信出版集团股份有限公司, 2019.

[10] 邓普顿, 菲利普斯. 逆向投资: 邓普顿的长赢投资法[M]. 杨晓红, 译. 北京: 中信出版集团股份有限公司, 2022.

[11] 舍夫林. 超越恐惧和贪婪: 行为金融与投资心理学[M]. 贺学会, 王磊, 朱伟骅, 译. 上海: 上海财经大学出版社, 2017.

[12] 希勒. 叙事经济学[M]. 陆殷莉, 译. 北京: 中信出版集团股份有限公司, 2020.

[13] CUNNINGHAM L A, BUFFETT W E. The essays of Warren Buffett: lessons for corporate america[M]. Omaha: Cunningham Group, 2023.

[14] 林海. 1998年香港是如何救市的[N/OL]. (2015-7-6)[2023-06-07]. https://www.thepaper.cn/newsDetail_forward_1348630.

推荐阅读

序号	中文书名	定价
1	敢于梦想：Tiger21创始人写给创业者的40堂必修课	79
2	通向成功的交易心理学	79
3	价值投资的五大关键	80
4	比尔·米勒投资之道	80
5	趋势跟踪（原书第5版）	159
6	巴菲特的嘉年华：伯克希尔股东大会的故事	79
7	巴菲特之道（原书第3版）（典藏版）	79
8	短线交易秘诀（典藏版）	80
9	21条颠扑不破的交易真理	59
10	巴菲特的投资组合（典藏版）	59
11	短线狙击手：高胜率短线交易秘诀	79
12	格雷厄姆成长股投资策略	69
13	行为投资原则	69
14	炒掉你的股票分析师：证券分析从入门到实战（原书第2版）	79
15	格雷厄姆精选集：演说、文章及纽约金融学院讲义实录	69
16	与天为敌：一部人类风险探索史（典藏版）	89
17	驾驭交易（原书第3版）	129
18	大钱细思：优秀投资者如何思考和决断	89
19	投资策略实战分析（原书第4版·典藏版）	159
20	巴菲特的第一桶金	79
21	股市奇才：华尔街50年市场智慧	69
22	交易心理分析2.0：从交易训练到流程设计	99
23	金融交易圣经II：交易心智修炼	49
24	经典技术分析（原书第3版）（下）	89
25	经典技术分析（原书第3版）（上）	89
26	大熊市启示录：百年金融史中的超级恐慌与机会（原书第4版）	80
27	市场永远是对的：顺势投资的十大准则	69
28	行为金融与投资心理学（原书第6版）	59
29	蜡烛图方法：从入门到精通（原书第2版）	60
30	期货狙击手：交易赢家的21周操盘日记	80
31	投资交易心理分析（典藏版）	69
32	有效资产管理（典藏版）	59
33	客户的游艇在哪里：华尔街奇谈（典藏版）	39
34	跨市场交易策略（典藏版）	69
35	对冲基金怪杰（典藏版）	80
36	专业投机原理（典藏版）	99
37	价值投资的秘密：小投资者战胜基金经理的长线方法	49
38	投资思想史（典藏版）	99
39	金融交易圣经：发现你的赚钱天才	69
40	证券混沌操作法：股票、期货及外汇交易的低风险获利指南（典藏版）	59
41	外汇交易的10堂必修课（典藏版）	49
42	击败庄家：21点的有利策略	59
43	超级强势股：如何投资小盘价值成长股（典藏版）	59
44	金融怪杰：华尔街的顶级交易员（典藏版）	80
45	彼得·林奇教你理财（典藏版）	59
46	日本蜡烛图技术新解（典藏版）	60
47	股市长线法宝（典藏版）	80
48	股票投资的24堂必修课（典藏版）	45
49	蜡烛图精解：股票和期货交易的永恒技术（典藏版）	88
50	在股市大崩溃前抛出的人：巴鲁克自传（典藏版）	69
51	约翰·聂夫的成功投资（典藏版）	69
52	投资者的未来（典藏版）	80
53	沃伦·巴菲特如是说	59
54	笑傲股市（原书第4版.典藏版）	99

推荐阅读

序号	中文书名	定价
55	金钱传奇：科斯托拉尼的投资哲学	59
56	证券投资课	59
57	巴菲特致股东的信：投资者和公司高管教程（原书第4版）	99
58	彼得·林奇的成功投资(典藏版)	80
59	战胜华尔街(典藏版)	80
60	市场真相：看不见的手与脱缰的马	69
61	积极型资产配置指南：经济周期分析与六阶段投资时钟	69
62	麦克米伦谈期权（原书第2版）	120
63	漫步华尔街（原书第11版）	56
64	股市趋势技术分析（原书第10版）	168
65	赌神数学家：战胜拉斯维加斯和金融市场的财富公式	59
66	华尔街之舞：图解金融市场的周期与趋势	69
67	哈利·布朗的永久投资组合：无惧市场波动的不败投资法	69
68	憨夺型投资者	39
69	高胜算操盘：成功交易员完全教程	69
70	以交易为生（原书第2版）	36
71	证券投资心理学	49
72	技术分析与股市盈利预测：技术分析科学之父沙巴克经典教程	80
73	机械式交易系统：原理、构建与实战	80
74	交易择时技术分析：RSI、波浪理论、斐波纳契预测及复合指标的综合运用（原书第2版）	59
75	交易圣经	89
76	证券投机的艺术	59
77	择时与选股	45
78	技术分析（原书第5版）	100
79	缺口技术分析：让缺口变为股票的盈利	59
80	现代证券分析	80
81	查理·芒格的智慧：投资的格栅理论（原书第2版）	49
82	实证技术分析	75
83	期权投资策略（原书第5版）	169
84	简易期权（原书第3版）	59
85	赢得输家的游戏：精英投资者如何击败市场（原书第6版）	45
86	走进我的交易室	55
87	黄金屋：宏观对冲基金顶尖交易者的掘金之道（增订版）	59
88	马丁·惠特曼的价值投资方法：回归基本面	49
89	期权入门与精通：投机获利与风险管理（原书第2版）	49
90	以交易为生II：卖出的艺术	55
91	投资在第二个失去的十年	49
92	逆向投资策略	59
93	艾略特名著集（珍藏版）	32
94	向格雷厄姆学思考，向巴菲特学投资	38
95	向最伟大的股票作手学习	36
96	解读华尔街（原书第5版）	48
97	艾略特波浪理论：市场行为的关键（珍藏版）	38
98	恐慌与机会：如何把握股市动荡中的风险和机遇	36
99	超级金钱（珍藏版）	36
100	华尔街50年（珍藏版）	38
101	股市心理博弈（珍藏版）	58
102	通向财务自由之路（珍藏版）	69
103	投资新革命（珍藏版）	36
104	江恩华尔街45年（修订版）	36
105	如何从商品期货贸易中获利（修订版）	58
106	股市晴雨表（珍藏版）	38
107	投机与骗局（修订版）	36

马特·里德利系列丛书

创新的起源：一部科学技术进步史
ISBN：978-7-111-68436-7

揭开科技创新的重重面纱，开拓自主创新时代的科技史读本

基因组：生命之书23章
ISBN：978-7-111-67420-7

基因组解锁生命科学的全新世界，一篇关于人类与生命的故事，华大CEO尹烨翻译，钟南山院士等8名院士推荐

先天后天：基因、经验及什么使我们成为人（珍藏版）
ISBN：978-7-111-68370-9

人类天赋因何而生，后天教育能改变人生与人性，解读基因、环境与人类行为的故事

美德的起源：人类本能与协作的进化（珍藏版）
ISBN：978-7-111-67996-0

自私的基因如何演化出利他的社会性，一部从动物性到社会性的复杂演化史，道金斯认可的《自私的基因》续作

理性乐观派：一部人类经济进步史（典藏版）
ISBN：978-7-111-69446-5

全球思想家正在阅读，为什么一切都会变好？

自下而上（珍藏版）
ISBN：978-7-111-69595-0

自然界没有顶层设计，一切源于野蛮生长，道德、政府、科技、经济也在遵循同样的演讲逻辑